3. Auflage 2026

Max-Eyth-Straße 41 · 71088 Holzgerlingen
Internet: www.scm-verlag.de; E-Mail: info@scm-verlag.de

Die Bibelverse wurden folgender Ausgabe entnommen:
Neues Leben. Die Bibel, © der deutschen Ausgabe 2002 und 2006
R.Brockhaus in der SCM Verlagsgruppe GmbH Witten/Holzgerlingen.

Weiter wurde verwendet:
Hoffnung für alle® Copyright © 1983, 1996, 2002, 2015 by Biblica, Inc.®.
Verwendet mit freundlicher Genehmigung von `fontis - Brunnen Basel. (HFA)

Gesamtgestaltung: Stefanie Krel, Bad Driburg - stennie.de
Bildnachweise: pexels.com, unsplash.com

Druck und Verarbeitung: Finidr, s.r.o.
Gedruckt in Tschechien
ISBN 978-3-7893-9912-1
BESTELL-NR. 629.912

STENNIE

WUNDERBAR WIR

SCM

DAS IST DAS BUCH, DAS WIR UNS IN DEN ERSTEN
ZEHN JAHREN UNSERER EHE GEWÜNSCHT HÄTTEN.

UND DESHALB WIDMEN WIR ES JEDEM PAAR,
DAS WIE WIR DEN WUNSCH NACH WACHSTUM,
NÄHE GOTTES UND EINER TIEFEN BEZIEHUNG HAT.

DIESES BUCH GEHÖRT

____________________ & ____________________

DAS SIND WIR

VORWORT

WUNDERBAR WIR. Diese Worte kommen uns in den Sinn, wenn wir an unsere kleine Familie denken. „Wunderbar" bedeutet definitiv nicht vollkommen. Wir sind laut, so verschieden und kommen immer wieder an unsere Grenzen. Aber wir sind bereit für die Veränderungen und Wunder, die Gott in unserer Familie tun möchte.

13 Jahre Ehe liegen hinter uns. Das macht uns noch nicht zu Beziehungsexperten, aber zu echten Menschen mit echten Problemen und echten Erkenntnissen. Wir erlebten unsere bisherige gemeinsame Zeit zwischen Selbstständigkeit, Vollzeitjob, Erziehungswahnsinn, Krankheiten, Berufungen, Gemeindeleben, Sinnkrisen, Freundschaften, Urlauben in den Bergen und jeder Menge leckerem Essen. Wir lernen jeden Tag von- und miteinander und wachsen an unseren Herausforderungen. Als wir im September 2010 in einer Freikirche Gott baten, Fundament unseres gemeinsamen Lebens zu sein, hatten wir noch keine Ahnung, was es bedeutet, gemeinsam durch gute und schlechte Tage zu gehen, den Charakter des anderen zu schleifen und einander auch dann zu lieben, wenn man sich gerade nicht danach fühlt.

Unsere wichtigste Erkenntnis war, dass nichts ohne eine gute Kommunikation funktioniert. Aber da mein Mann und ich so unterschiedlich sind, mussten wir erst mal lernen, wie wir uns vernünftig verständigen können. Wenn Frauen von der Venus und Männer vom Mars kommen, wie man ja so schön sagt, dann sind sie nicht nur unterschiedlicher Herkunft, sondern sprechen auch komplett andere Sprachen. In diesem Buch nehmen mein Mann und ich euch mit auf eine kleine Reise. Wir erzählen euch von kleinen Anekdoten aus unserem Leben und laden euch ein, herauszufinden, wie ihr beide - als völlig individuell zusammengestelltes und von Gott befähigtes Team - am besten miteinander kommunizieren und in euerm Alltag noch näher zusammenwachsen könnt. Unser Herz schlägt dafür, dass jede Beziehung die Einzigartigkeit entfalten kann, die Gott in sie hineingelegt hat. In 50 schönen und - ab und an - herausfordernden Aufgaben und Gedankenanstößen könnt ihr euch noch besser verstehen lernen und Seiten aneinander entdecken, die ihr vielleicht noch nicht kanntet.

Wir wünschen euch Gottes Segen auf dieser gemeinsamen Reise.

FAQ

Was ist Ziel dieses Buches?

Wir möchten euch helfen, in eine festere und tiefere Beziehung einzutauchen. Ihr sollt neue Wege der Kommunikation entdecken und ehrlich miteinander sein. Darüber hinaus bietet das Buch Platz, um schöne Erinnerungen zu schaffen. Deshalb bearbeitet ihr die Fragen und Aufgaben auch am besten schriftlich. So habt ihr die Möglichkeit, immer wieder reinzuschauen.

Wie bearbeiten wir die Aufgaben?

Zu jedem Kapitel gibt es einen kleinen Input und eine Beschreibung der jeweiligen Aufgabe. Auf den darauffolgenden Seiten habt ihr immer Platz zum Notieren, Schreiben und Lösen der Aufgabe. Mit dem Aufschreiben möchten wir euch motivieren, die Themen wirklich anzugehen, Erinnerungen zu schaffen und die Worte zu festigen. Ihr könnt das Buch aber so nutzen, wie es euch als Paar guttut. Wenn nichts anderes angegeben ist, reicht es, wenn es einen Schriftführer gibt. Ihr könnt die Antworten erst aufschreiben und danach besprechen. Oder ihr dreht den Spieß einfach um und redet erst über das Thema und tragt dann eure Erkenntnisse ein. Ihr werdet sehen, dass jedes Kapitel etwas anders gestaltet ist und wir hoffen, dass wir euch neue Anregungen und Ideen für eine gute Kommunikation geben.

Wie oft oder in welchem Rhythmus sollen wir uns die Kapitel vornehmen?

Die Kapitel sind unabhängig voneinander und in unterschiedlichem Umfang gestaltet. Ihr könnt selbst entscheiden, wie das Buch in euer Leben passt: einmal wöchentlich als kleines Wochendate? Spontan, immer wenn euch gerade danach ist oder wenn ihr Spannungen spürt? Ein oder mehrere Kapitel auf einmal? Als Jahresprojekt oder als intensiver Kurs in der Urlaubszeit? Wir möchten, dass dieses Buch zu euch und eurem Rhythmus passt.

WIR KÖNNEN NUR AUFBLÜHEN, WENN WIR UNS ZEIT NEHMEN, UNSERE BEZIEHUNG ZU NÄHREN UND ZU GENIESSEN.

KLEBT HIER EIN
FOTO VON EUCH EIN

01 WUNDERBAR WIR

In diesem Buch geht es um eure Beziehung.
Deshalb starten wir mit einem Blick zurück und schauen heute auf eure gemeinsam erlebte Zeit: Könnt ihr berechnen, wie viele Monate seit eurer Hochzeit vergangen sind? Was war zum Beispiel der schönste gemeinsame Urlaub bisher und welches Fazit könnt ihr bereits aus eurem gemeinsamen Weg ziehen?

Ihr werdet die nächsten Wochen viel Zeit und Energie in Gespräche miteinander investieren. Wir wünschen euch, dass ihr dabei auch immer wieder viel Spaß und Freude habt und über viele Momente staunen könnt, die ihr bereits erleben konntet.

Wenn ihr euch noch nicht sicher seid,
wie das Buch funktioniert, lest einfach auf Seite 11 nach.

Los geht's mit ein paar Fragen über euch.

SO VIELE MONATE SIND WIR BEREITS VERHEIRATET	
DAS HABEN WIR AM TAG NACH DER HOCHZEIT GEMACHT	
DAS WÜRDEN WIR NIE WIEDER TUN	
DAS WÜRDEN WIR IMMER WIEDER TUN	
DAS WAR EIN HEFTIGER STREIT	
UND DAS DIE SCHÖNSTE VERSÖHNUNG	
SO WAR UNSER ERSTER KUSS	
DAS WAR DER BISHER SCHÖNSTE MOMENT IN UNSEREM LEBEN	

DAS WAR DER BISHER SCHÖNSTE URLAUB	
EIN WORT, DAS UNS GUT BESCHREIBT	
DARÜBER LACHEN WIR OFT GEMEINSAM	
SO VIELE UMZÜGE HABEN WIR SCHON HINTER UNS	
DAS MÖGEN WIR BEIDE NICHT	
ABER DAS MÖGEN WIR BEIDE	
DAS MACHEN WIR AM LIEBSTEN AN EINEM FREIEN TAG	
DAS WAR DAS PEINLICHSTE, WAS UNS BISHER PASSIERT IST	

02 DANKBARKEIT

Mit der Zeit wird vieles in der Ehe selbstverständlich, manche guten Dinge nimmt man vielleicht nicht mal mehr wahr. Es lohnt sich, immer wieder genauer hinzuschauen und das neu zu entdecken, wofür man dankbar ist – auch wenn es einem im Alltag oft gar nicht auffällt.

Heute tragt ihr abwechselnd etwas in die Liste auf der nächsten Seite ein, für das ihr euerm Partner dankbar seid. Um euch den Start zu vereinfachen, könnt ihr mit tagesaktuellen Sachen anfangen: *„Ich bin dankbar für deine Hilfe beim Abwasch heute, denn ich konnte mich deshalb um die Wäsche kümmern"*, oder: *„Ich bin dankbar für den Einkauf, den du heute erledigt hast."*

Ihr könnt nach und nach auch allgemeinere Themen ansprechen:
„Danke, dass du mir ab und zu Nachrichten von der Arbeit schreibst."
„Danke, dass du immer so gut über mich redest vor den anderen."

Genießt die Komplimente. Nehmt sie mit Freude an und lasst sie fürs Erste einfach stehen.

ICH BIN DANKBAR FÜR ...

... DICH!

**ALS MICH
VIELE SORGEN
QUÄLTEN,
GAB DEIN TROST
MIR NEUE
HOFFNUNG
UND FREUDE.**

PSALM 94,19

03 SORGEN

Ein gemeinsames Leben bringt nicht nur Freude und Dankbarkeit mit sich. Ich bin sicher, das habt auch ihr schon häufiger erfahren. Es gibt Sorgen, die dem Alltag einen bitteren Beigeschmack geben können. Leider tragen wir diese großen oder kleinen, existenziellen oder banalen Sorgen oft einfach nur mit uns herum und vergiften unser Umfeld, ohne darüber zu reden.

Um den Druck ein wenig zu nehmen, kann heute jeder drei Sorgen und Befürchtungen aufschreiben, die ihn gerade beschäftigen. Damit gebt ihr euerm Partner die Gelegenheit herauszufinden, was euch im Moment auf der Seele liegt.

1

2

3

1

2

3

Überrascht euch das Ergebnis oder beschäftigen euch dieselben Themen? So oder so: Spätestens jetzt seid ihr nicht mehr allein mit diesen Sorgen.

Vergesst nie: Gott ist nicht nur der Schöpfer der Kommunikation - er verspricht uns auch, unsere Lasten zu tragen. Wir laden euch ein, ins Gebet zu gehen und eure Sorgen abzugeben. Jeder so, wie er mag: Laut, leise, gemeinsam oder allein.

04 WARUM

Wir wissen nicht, wie es dazu kam, dass ihr dieses Buch jetzt in den Händen haltet. Wir gratulieren euch aber dazu, dass ihr es geöffnet habt. Das war eine gute Entscheidung und wir sind uns sicher, ihr werdet viele tolle, lustige und aufschlussreiche Momente miteinander erleben.

Damit ihr auch über eine längere Zeit Lust und Freude habt, mit diesem Buch zu arbeiten, laden wir euch heute ein, ein WARUM dafür zu finden und es aufzuschreiben.

Es ist okay, mit unterschiedlichen Gefühlen an dieses Projekt zu gehen. Ist einer von euch total motiviert und freut sich auf die nächsten Kapitel? Schreib auf, worauf du dich freust! Ist einer skeptisch und weiß noch nicht, was er von diesem Projekt „Wunderbar wir" halten soll? Das ist okay. Auch du hast einen Grund, wieso du trotzdem weitermachen möchtest. Schreibt es auf die folgende Seite rund um das Wort „Warum".

WARUM?

... WEIL DU ES MIR WERT BIST.

05 KOMPLIMENTE

Worte haben große Macht. Ein ehrliches Kompliment kann ein wahres Feuerwerk im Gehirn auslösen, es macht uns fröhlich und stärkt die Bindung zueinander. Auf das Gehirn hat ein Kompliment dieselben Auswirkungen wie ein materielles Geschenk. Dabei kann man es viel einfacher und schneller weitergeben. Das Einzige, was man dafür braucht, ist ein wenig Aufmerksamkeit.

Wie oft macht ihr euch im Alltag Komplimente? Heute gibt es Schmeichler für die Seele. Vervollständigt immer abwechselnd die folgenden Sätze:

ICH MAG AN DIR, DASS ______________________

ICH MAG AN DIR, DASS ______________________

MIR GEFALLEN DEINE ______________________

MIR GEFALLEN DEINE ______________________

ICH LIEBE ES, WENN ______________________

ICH LIEBE ES, WENN ______________________

ICH FINDE, DASS ______________________

ICH FINDE, DASS ______________________

DU BIST ______________________

DU BIST ______________________

DU MACHST MICH GLÜCKLICH, WENN ______________________

DU MACHST MICH GLÜCKLICH, WENN ______________________

ICH LÄCHEL IMMER, WENN DU ______________________

ICH LÄCHEL IMMER, WENN DU ______________________

ICH LIEBE AN DIR, DASS ______________________

ICH LIEBE AN DIR, DASS ______________________

DER MOMENT WAR SCHÖN, ALS ______________________

DER MOMENT WAR SCHÖN, ALS ______________________

VON EINEM GUTEN KOMPLIMENT KANN ICH ZWEI WOCHEN LEBEN.

MARK TWAIN

TIPP: WENN EUCH DIESE AUFGABE GUTGETAN HAT, DANN SPRECHT IN DEN NÄCHSTEN TAGEN IMMER WIEDER KOMPLIMENTE AUS, ODER SCHREIBT EURE GEDANKEN PER NACHRICHT ODER POST-IT FÜR DEN ANDEREN AUF.

Neben Komplimenten und Anerkennung gehören auch tiefe und ehrliche Gespräche zu einer Ehe dazu, auch wenn sie manchmal wehtun. Aber damit Ehe zu einem kostbaren Schleifstein wird und blühen kann, braucht es Tiefgang. Damit starten wir im nächsten Kapitel.

06 SCHLEIFSTEINE

Erinnert ihr euch an den Moment, als ihr euch gegenüberstandet, in die Augen saht und „JA, ich will" gesagt habt? Genau das war der Moment, als ihr JA zum größten Veränderungsprozess eures Lebens sagtet.

Ich erinnere mich noch an die Profilbeschreibung meines Mannes, die ich, als ich ihn über Bekannte an einem gemütlichen Sommerabend 2008 kennenlernte, natürlich sofort zu Hause checkte. Dort stand: „Ich bin so, wie ich bin und möchte mich nicht verändern lassen". Diese Entscheidung hatte er, gerade mal 19 Jahre alt, aus seinen Erfahrungen schon getroffen: Er wollte sich nicht mehr für andere Menschen verbiegen lassen. Ich habe diesen Satz gelesen und respektiert. Wenn ich ihn näher kennenlernen möchte, dann werde ich versuchen, ihn nicht nach meinen Ideen umzuformen, das habe ich mir vorgenommen. Letztendlich hat er sich doch ganz schön verändert! Doch nicht aufgrund meiner Vorstellungen, noch nicht einmal, weil er es sich selbst vorgenommen hätte. Gott hatte seine eigenen Ideen für uns.

Ehe verändert Menschen. Gott setzt uns gegenseitig als Werkzeug ein, damit wir geformt und verändert werden. Das sollte aber nach Gottes Willen und Plan passieren und nicht nach unseren eigenen Vorstellungen. Wenn wir in einer Partnerschaft leben, können wir automatisch nicht mehr selbstbezogen und ichsüchtig sein, ohne dabei auf Schwierigkeiten zu stoßen.

Da, wo wir den Alltag und das Bett mit jemandem teilen, lernen wir zu dienen und Rücksicht auf andere zu nehmen. In einer Familie haben wir die Chance, unsere Faulheit, Wut und Selbstüberschätzung zu überwinden. Leider schöpfen wir das Potenzial oft nicht aus.

Statt den Veränderungsprozess zuzulassen, werden wir stur und bestehen auf unseren Meinungen und Ansichten. So entgeht uns aber die wunderschöne Kunst des Schleifens. Gott möchte uns gebrauchen, damit wir uns gegenseitig formen und das zum Leuchten bringen, was er schon in uns hineingelegt hat. Auch wenn wir Teil des Veränderungsprozesses unseres Partners sind, gibt uns das nicht die Berechtigung, dauernd an ihm rumzumäkeln, sondern es gibt uns die Verantwortung, dem anderen zu helfen.

Da dieser Prozess (hoffentlich) ein Leben lang dauert, können wir heute nur eine Bestandsaufnahme der momentanen Situation machen. Hier geht es nicht darum, dem anderen alle Fehler vorzuhalten, sondern wir wollen aktuelle Schwierigkeiten reflektieren und euch dazu ermutigen, einander in diesem Prozess zu unterstützen und zu helfen. Immer in dem Wissen, dass wir selbst nicht perfekt sind.

Besprecht die Fragen auf den folgenden Seiten und tragt jeweils für den anderen ein, wo er Unterstützung und Hilfe brauchen könnte.

MERKT EUCH: WIR HABEN NICHT DIE BERECHTIGUNG, DAUERND AN DEM ANDEREN RUMZUMÄKELN, SONDEREN DIE VERANTWORTUNG, DEM ANDEREN IM WACHSTUMS-PROZESS ZU HELFEN.

→

ÜBER IHN

ICH DENKE, IN DIESEN BEREICHEN HAT GOTT DICH IN DEN LETZTEN JAHREN BEREITS VERÄNDERT UND GEFORMT:

BEI DIESEN THEMEN SEHE ICH AKTUELL HERAUSFORDERUNGEN:

DIESE THEMEN KÖNNEN WIR GEMEINSAM ANGEHEN:

WIE KANN ICH DIR DABEI HELFEN?

ÜBER SIE

ICH DENKE, IN DIESEN BEREICHEN HAT GOTT DICH IN DEN LETZTEN JAHREN BEREITS VERÄNDERT UND GEFORMT:

BEI DIESEN THEMEN SEHE ICH AKTUELL HERAUSFORDERUNGEN:

DIESE THEMEN KÖNNEN WIR GEMEINSAM ANGEHEN:

WIE KANN ICH DIR DABEI HELFEN?

SELBST WENN WIR
EINEN STARKEN GLAUBEN
HABEN, DÜRFEN WIR
UNS NICHT NACH
UNS SELBST RICHTEN,
SONDERN MÜSSEN
DIE ZWEIFEL UND
ÄNGSTE SCHWÄCHERER
ERNST NEHMEN.
WIR SOLLEN UNS SO
VERHALTEN, DASS ES DEM
ANDERN HILFT UND
ER DADURCH
IM GLAUBEN
ERMUTIGT WIRD.

RÖMER 15,1-2

07 ERWARTUNGEN

Als wir (bewusst oder unbewusst) nach einer besseren Hälfte Ausschau gehalten haben, hatten wir vermutlich alle die eine oder andere Vorstellung und Erwartung. Ein attraktives, charismatisches und völlig selbstloses Gegenüber wäre großartig, oder? Eins, das mir dabei hilft, meine eigenen Ziele zu erreichen und möglichst keine Probleme in die Beziehung bringt.

Wenn es nun zu einer Beziehung kommt und beide Partner eine Ich-zentrierte Einstellung haben, dann ist es so, als würden beide an verschiedenen Enden eines Seils ziehen. Das Prinzip der Selbstverwirklichung ist nämlich Gift für die Ehe. Ist es nicht stattdessen viel sinnvoller, wenn beide Partner am selben Ende des Seils ziehen?

Eine grundsätzliche Erwartungshaltung an den Partner zu haben, ist gut und bringt uns in den schon besprochenen Prozess der Veränderung. Allerdings erwarten wir auch oft ziemlich unmögliche Dinge, ohne dass es uns bewusst wäre, nämlich dass der andere unsere Gedanken lesen kann: *„Es ist doch klar, dass ich alle paar Wochen Blumen von ihm bekommen sollte, oder nicht?" „Es ist doch klar, dass ich regelmäßig mit meinen Kumpels losziehen möchte, oder nicht?"*

In einem gesunden Kommunikationsumfeld sollte es möglich sein, dem anderen zu erzählen, was man erwartet oder erhofft und gleichzeitig sollte jeder bereit sein, seinen eigenen Wunsch auch zu reflektieren und zu korrigieren. Vielleicht gibt es einen Grund, wieso der Partner den Anforderungen nicht entsprechen kann? Oder er weiß noch gar nicht, dass diese Erwartung im Raum steht? Vielleicht ist die Erwartung aber auch besonders egoistisch?

**GOLDENE REGEL:
LASS DEINEN PARTNER
IMMER MINDESTENS
30 SEKUNDEN
AUSREDEN, BEVOR DU
ARGUMENTIERST.**

Damit wir in einem gemeinsamen Prozess lernen, die Erwartungen des anderen zu erkennen und zu verstehen, haben wir folgende Aufgabe für euch:

Jeder darf auf den kommenden Seiten eine Erwartung an den anderen aussprechen. Versucht dabei respektvoll zu bleiben. Es geht nicht um Schuldzuweisungen. Erklärt, warum es euch wichtig ist, damit euer Gegenüber diese Erwartung versteht, zum Beispiel so:

„Ich wünsche mir, dass du mir rechtzeitig schreibst, wenn du später von der Arbeit kommst. Es ist schade, wenn ich mir so viel Mühe mit dem Essen mache, und wir es dann doch kalt essen müssen, weil ich nichts von deinen Planänderungen mitbekomme."

Der andere darf Stellung beziehen. Achtet darauf, dass ihr nicht sofort in eine Schutzhaltung geht und vorschnell antwortet. Reflektiert die Situation. Vielleicht findet ihr eine Antwort oder einen Lösungsvorschlag:

„Danke, dass du mir deinen Standpunkt erklärst. Oft weiß ich es vorher gar nicht, dass ich ein bisschen später von der Arbeit losfahre, weil der Chef noch auf ein Gespräch bittet oder wir ein Problem lösen müssen. Aber ich möchte auf jeden Fall versuchen, dir Bescheid zu geben, wenn ich es sicher weiß. Vielleicht können wir uns darauf einigen, dass wir etwas später essen?"

Es gibt natürlich auch immer Gründe, warum bestimmte Wünsche und Erwartungen NICHT erfüllt werden können. Wichtig ist, dass du deinem Partner auch erklärst, warum du dies (aktuell) nicht leisten kannst. Ihr seid ein Team, ihr zieht am selben Ende des Seils! Gemeinsam könnt ihr darüber reden und dem anderen helfen, bestimmte Dinge anzugehen oder vielleicht auch einfach auf sich beruhen zu lassen.

Jetzt seid ihr dran. Erst der eine:

ICH WÜNSCHE MIR, …

DANKE, DASS DU MIR DEINEN STANDPUNKT ERKLÄRT HAST …

Dann der andere:

ICH WÜNSCHE MIR, ...

DANKE, DASS DU MIR DEINEN STANDPUNKT ERKLÄRT HAST ...

Wahrscheinlich lassen sich aufgestaute Probleme nicht an einem Abend lösen, deshalb könnt ihr die heute angefangene respektvolle Haltung auch in den kommenden Tagen üben.

08 DATETIME

Es ist Zeit für ein Date. Je nach Lebenssituation kann es sein, dass ein gemeinsamer Ausgeh-Abend etwas schwierig ist, aber wer will – der kann! Macht gemeinsam einen Plan, wie ihr in dieser Woche Zeit zusammen verbringen könnt. Diese Fragen können euch bei der Entscheidung helfen.

Welche Dates haben uns in der Vergangenheit gut gefallen?

Was ist in unserer Lebenssituation gerade möglich?
Können wir auch zu Hause eine schöne Zeit haben?

Wieviel Zeit haben wir?

Was darf das Date kosten?

Wer muss welche Aufgabe dafür erledigen
(z.B. Reservierung tätigen, frei nehmen, Babysitter organisieren)?

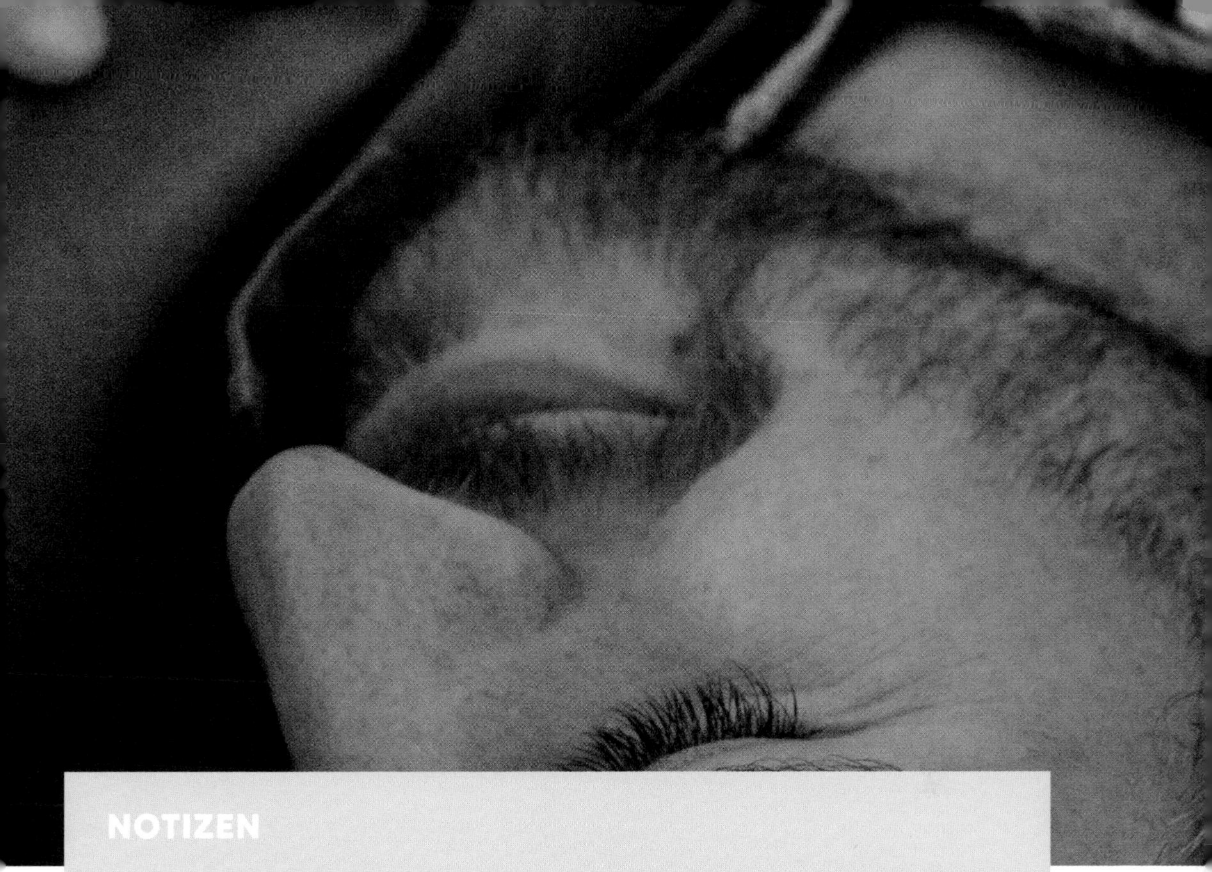

NOTIZEN

09 UNSERE STORY

Achtung: Jetzt kann es kitschig werden – oder auch lustig. Eure gemeinsame Geschichte gehört zu den wertvollsten Dingen, die ihr besitzt. Sie ist einzigartig und verdient es, aufgeschrieben zu werden. Das könnt ihr jetzt tun.

Damit diese Aufgabe nicht langweilig wird, könnt ihr folgendes machen: Jeder schreibt immer nur einen Satz, dann ist der andere dran. Dabei dürft ihr nicht reden. Wenn ihr fertig seid, lest ihr die Geschichte nochmal gemeinsam durch.

Ihr braucht mehr Platz für eure Geschichte? Schreibt sie auf einem Blatt Papier weiter und legt oder klebt es hier ein.

10 ERSTE LIEBE

Ich erinnere mich noch, als wäre es gestern gewesen, wie ich im Schulbus saß, auf dem Weg zu einem Tagesauflug. Es muss 2007 gewesen sein, denn ich saß mit meinem MP3-Player in der Hand zwischen meinen Mitschülern und hörte über die Kopfhörer *„Ich habe einen Schatz gefunden und er trägt deinen Namen. So wunderschön und wertvoll und mit keinem Geld der Welt zu bezahlen."*
Mit meinen gerade mal 16 Jahren traf mich der Song richtig ins Herz. Ich beobachtete die chaotischen Jungs aus meiner Klasse und fragte mich, ob ich jemals so eine Liebe finden werde, bei der ich sagen kann:
„Du bist das Beste, was mir je passiert ist.
Es tut so gut, wie du mich liebst ... "

Zu diesem Zeitpunkt dachte ich noch, das Wichtigste in meinem Leben wäre, den Mann meiner Träume zu finden. Einen Mann, der mich genauso liebt wie die Person, die Silbermond in ihrer Ballade besingt. Dass ich diese besondere Liebe zu diesem Zeitpunkt aber schon gefunden hatte, war mir gar nicht bewusst: Meine große und erste Liebe war und ist Jesus. Abgelenkt von meinen hormongesteuerten Gedanken war mir gar nicht bewusst, dass ich das Fundament von wahrer Liebe bereits mit 13 Jahren kennengelernt hatte. Ich hatte bereits den Schatz gefunden, den kein Geld der Welt bezahlen konnte ...

→

Wir glauben, dass Gott die Ehe auch erschaffen hat, um uns ein Vorbild zu geben für die Intimität und die Liebe Jesu zu uns. Er sagt uns: Wenn wir in ihm bleiben, seine Nähe suchen, dann werden wir ruhig und wir werden getröstet. Genauso empfinde ich das auch mit meinem Mann. Nach einem anstrengenden Tag sehne ich mich danach, in seinen Armen zu liegen und mich gegebenfalls auszuweinen. Das ist ein Sinnbild für genau das, was Jesus uns jeden Tag anbietet. Wir dürfen diesen Platz in Anspruch nehmen, jeder einzelne von uns. Einer meiner Lieblingssprüche ist:

„MY FAVORITE PLACE IS INSIDE YOUR HUG."

Kannst du das auch über Jesus sagen?

Es ist so wichtig, dass jeder Partner seine ganz persönliche Liebesgeschichte mit Jesus hat. Jeder braucht eine Beziehung zu Gott „aus erster Hand", damit wir nicht Dinge von unserem Partner erwarten, die eigentlich nur Gott stillen kann.
Unser Lebensinn sollte nicht daraus bestehen, verheiratet zu sein, Kinder zu bekommen oder einen Beruf zu finden, der uns erfüllt: Wenn wir Jesus lieb haben, dann ist er auch unser Lebensinn. Deshalb müssen wir auch weit vorn in diesem Buch diese wichtige Frage stellen: Wie sieht es aktuell mit deiner ganz persönlichen Liebesbeziehung zu Jesus aus? Bevor ihr euch heute austauscht, kann jeder in eine eigene Reflexion gehen und die folgenden Fragen beantworten.

WIE SIEHT MEINE BEZIEHUNG ZU JESUS AKTUELL AUS?

ER

SIE

WAS STÖRT MEINE PERSÖNLICHE BEZIEHUNG ZU IHM?

ER

SIE

WAS KANN MICH IHM NÄHER BRINGEN?

ER

SIE

WAS BEWIRKT DER SATZ: „CHRISTUS IST MEIN LEBEN, STERBEN MEIN GEWINN" NACH PHILIPPER 1,21 IN MIR?

ER

SIE

GIBT ES ETWAS, WAS ICH VON MEINEM PARTNER ERWARTE, WAS EIGENTLICH NUR GOTT GEBEN KANN?

ER

SIE

WIE KANN MEIN PARTNER MIR HELFEN, DIE BEZIEHUNG ZU GOTT AUFRECHT, FRISCH UND LEBENDIG ZU HALTEN?

ER

SIE

TIPP: HÖRT EUCH GEMEINSAM DEN SONG „ERSTE LIEBE" VON ICF WORSHIP AN.

**WIR LIEBEN,
WEIL GOTT
UNS ZUERST
GELIEBT HAT.**

1. JOHANNES 4,19

11 WAS WÄRE, WENN

Der Gedanke ist zwar unglaublich traurig, aber das Leben zeigt: Oft sehen wir den Wert von etwas erst, wenn es nicht mehr da ist. Heute möchten wir diesen traurigen Gedanken einfach zulassen: Was wäre, wenn dein Partner plötzlich nicht mehr da wäre? Was würde fehlen?

Immer abwechselnd könnt ihr heute etwas in die Felder eintragen und dann darüber sprechen.

„Der Duft deiner Haare“, „deine Leidenschaft fürs Singen“, „deine Kochkünste“ , „dein Lachen“.

MIR WÜRDE ES FEHLEN, DASS …

… DU DA BIST!

LOVE BEGINS
AT HOME. AND IT
IS NOT HOW MUCH
WE DO, BUT HOW
MUCH LOVE WE
PUT IN THE ACTION
THAT WE DO.

MOTHER TERESA

12 GUTES TUN

Habt ihr euch am Anfang eurer Beziehung auch mit kleinen Aufmerksamkeiten oder Geschenken überrascht? Oder dem anderen ganz bewusst etwas Gutes getan, einfach weil ihr wusstet, dass er sich darüber freuen wird? Leider geht das im Alltag viel zu oft verloren. Deshalb lautet eure aktuelle Aufgabe:

Tut dem anderen etwas Gutes. Diese Aktion ist nicht zeitlich begrenzt und ihr könnt sie einfach in den nächsten Wochen in euren Alltag integrieren. Es dürfen kleine Gesten sein und sie müssen auch kein Geld kosten. Damit der Partner weiß, wonach der andere sich gerade sehnt, könnt ihr eure Wünsche in die Spalten eintragen. So hat jeder ein bisschen Inspiration und kann schauen, welche Ideen er umsetzen kann.

DARÜBER WÜRDE ICH MICH FREUEN ...

DARÜBER WÜRDE ICH MICH FREUEN...

By the way: Das ist kein Wettkampf. Jeder gibt, was er geben kann.

13 WOCHENSTRUKTUR

Der größte Streitfaktor in unserem Eheleben sind die alltäglichen To-dos und die Kommunikation darüber. Manchmal streiten wir regelrecht, wer mehr zu tun hat oder mehr leistet. Ein bisschen Übersicht und Struktur können helfen, einander zu verstehen und die Aufgaben besser zu verteilen.

Nehmt euch heute Zeit und tragt gemeinsam zusammen, was alles in einer Woche erledigt werden muss. Sammelt erstmal gemeinsam und tragt alles auf die nächste Seite ein, was euch gerade einfällt. Welche regelmäßigen Termine stehen an? Was muss täglich gemacht werden, was wöchentlich? Woran muss gedacht werden und wer behält das im Blick?

Verteilt die Aufgaben dann auf der nächsten Seite auf die Wochentage und entscheidet, wer sich darum kümmert. Wiederholt diesen Prozess ruhig alle paar Wochen*, damit ihr ein Gefühl dafür bekommt, was im Alltag geschafft werden muss: Haushalt, Kochen, Dienste in der Gemeinde, Einkaufen, Bedürfnisse der Kinder sehen und stillen …

*Den Wochenplaner kannst du hier kostenlos runterladen und ausdrucken.

TAG	WAS STEHT ALLES AN?	WER IST ZUSTÄNDIG?
MO		
DI		
MI		

DO		
FR		
SA		
SO		

HEY! HEUTE IST SONNTAG.
GÖNNT EUCH MAL EINE KLEINE PAUSE ...

14 SABBAT

Eine gute Ehefrau und ein guter Ehemann sein, die Erziehung der Kinder bewältigen, den Job gewissenhaft machen und dabei Haushalt, Gemeinde, Ehrenamt und ach, die Zeit mit Jesus, nicht vergessen.
Was alles so im Alltag ansteht, habt ihr ja im letzten Kapitel schon reflektiert. Wir leben in einer Gesellschaft voller Eile, Selbstoptimierung und Erreichbarkeit. Ja und auch dieses Buch soll helfen, die Ehe irgendwie zu verbessern. Aber wie soll man denn in diesem ganzen „Schneller, weiter, besser"-Wahnsinn die Balance finden, ohne daran zu zerbrechen?

Wir glauben, dass Gott sich für uns kein Leben auf der Überholspur wünscht, sondern ein Leben in Abhängigkeit von ihm. Und dass er uns in die Kraft und Fülle einladen möchte. Und um uns immer wieder daran zu erinnern, schenkte er uns einen ganz besonderen Tag:

„Am siebten Tag hatte Gott sein Werk vollendet und ruhte von seiner Arbeit. Darum segnete er den siebten Tag und sagte: ‚Dies ist ein ganz besonderer, heiliger Tag! Er gehört mir.'" 1. Mose 2,3 (HFA)

Unser Schöpfer höchstpersönlich schenkt uns einen Tag der Ruhe, des Innehaltens, des Genießens und des Fokussierens.
Die Herausforderung und Verantwortung ihn zu nutzen, liegt ganz allein bei uns. Lebt ihr bereits das Prinzip des Innehaltens an einem Tag der Woche? Oder seid ihr bereit, es auszuprobieren?

Sucht euch für den Anfang ganz gezielt einen Wochentag aus, an dem ihr dieses Experiment wagen könnt. Auf den nächsten Seiten findet ihr eine kleine Liste mit Ideen, die ihr auch selber ergänzen könnt. Nehmt euch einige Wochen immer wieder Zeit für dieses Projekt. Vielleicht fällt es euch anfangs schwer, dann geht es langsam an: 5-6 Stunden reichen auch erstmal für den Einstieg. Findet als Paar oder als ganze Familie euren ganz persönlichen Zugang zum Sabbat.

SELA

Sela ist ein Wort aus den Psalmen. Es wird manchmal am Ende der Psalmenlieder genutzt, um eine Pause auszudrücken. In dieser Pause kann man das gesungene reflektieren, auf Gott hören und zur Ruhe kommen. Auch wir brauchen unsere Sela-Momente mit Gott.

→

So könnt ihr euren Sabbat-Tag gestalten:

Innehalten bedeutet offline sein. Schaltet für die Sabbat-Zeit das Handy und weitere Medien ganz aus. Habt keine Angst davor, etwas zu verpassen. Alles, was wichtig ist, habt ihr direkt vor euch.

Macht einen Spaziergang. Die frische Luft, Händchenhalten und ein schönes Gespräch beleben das Zusammensein.

Bestellt euch Essen oder holt einen Kuchen aus der Tiefkühltruhe und ladet Freunde ein. Macht euch dabei keine Sorgen über die liegen gebliebene Wäsche oder die Krümel auf dem Boden. Die hat jeder zu Hause.

Lest die Bibel. Öffnet eure Ohren für Gottes Wort und seid bereit für Korrektur und Neuausrichtung.

Kuschelt ausgiebig und macht einen kleinen Mittagsschlaf. Auch der Körper darf von der harten Arbeit ruhen.

Macht zusammen Lobpreis. Damit gebt ihr Gott Ehre.

15 EHE IST EIN PRIVILEG

Gottes Absichten für die Ehe sind so
viel größer als pausenlose Glücksgefühle.

Ich denke, unsere Vorstellungen von Eheglück, Liebe und Intimität wurden durch die Gesellschaft und Filmindustrie stark verändert und sind von der ursprünglichen guten Idee Gottes abgewichen:

Ist **Eheglück** nicht so viel mehr als endlos Schmetterlinge im Bauch und Schweben auf Wolke Sieben? Echtes Glück ist doch, jemanden in guten und schweren Tagen an seiner Seite zu haben und die Ehe nicht gleich wegzuwerfen, sobald es mal schwierig wird.

Ist meine **Liebe** zum Partner abhängig davon, dass er mir immer gibt, was ich brauche und dass ich mich immer gut in seiner Gegenwart fühle? Oder kann ich auch lieben, wenn die Schmetterlinge im Bauch nicht vorhanden sind?

Ist **Intimität** nicht so viel mehr als der Liebesakt selbst? Gehören nicht auch die Vertrautheit und Verbundenheit dazu? Kann Intimität nicht auch ehrliche Kommunikation oder gar ein gemeinsames Gebet sein?

Ehe ist ein großes Privileg.

Welche Gedanken kommen euch in den Sinn, wenn ihr die Worte Eheglück, Liebe und Intimität hört? Wie unterscheidet sich die Liebe, die uns die Bibel lehrt von der Liebe, die uns die Gesellschaft vorlebt? Macht euch Notizen.

EHEGLÜCK

LIEBE

INTIMITÄT

NOCH MOTIVIERT? DANN LEST GEMEINSAM HOHESLIED 8,5-7.

16 AUSSORTIERT

Heute wird es aktiv!

Ihr dürft euch von insgesamt 10 Dingen aus euerm Haushalt trennen. Natürlich müsst ihr nichts wegschmeißen, was ihr benutzt – es geht mehr um die Gegenstände, die schon lange im Weg stehen oder schon länger keinen Nutzen mehr für euch haben. Kriterien, um Gegenstände gehen zu lassen, können folgende sein:

- Der Gegenstand hat keinen emotionalen oder praktischen Wert mehr.
- Der Gegenstand ist immer wieder Streitthema.
- Der Gegenstand ist kaputt oder aufgebraucht.

Schmeißt gut erhaltene Gegenstände nicht weg: Vielleicht freut sich jemand über diese Spende oder jemand in euerm Freundeskreis kann sie gebrauchen.

TIPP: WENN EUCH DAS AUSMISTEN SPASS MACHT UND GUTTUT, KÖNNT IHR JA EINEN FLOHMARKTSTAND PLANEN. ODER IHR BESPRECHT NEBENBEI, WELCHE DINGE EUCH IM ALLTAG UNNÖTIG BELASTEN ODER CHAOS VERBREITEN. DAS MÜSSEN NICHT NUR GEGENSTÄNDE SEIN, AUCH GEWOHNHEITEN ODER ALTLASTEN KÖNNEN AUSGEMISTET WERDEN.

DIESE 10 DINGE DÜRFEN UNSEREN HAUSHALT VERLASSEN …

RUF MICH,
DANN WILL ICH DIR
ANTWORTEN UND WILL
DIR GEWALTIGE UND
UNGLAUBLICHE DINGE
ZEIGEN, VON DENEN
DU NOCH NIE
GEHÖRT HAST.

JEREMIA 33,3

17 GEBET

Die Art und Weise, wie wir beten, offenbart unsere Beziehung zu Gott. Natürlich kann man im lauten Gebet große Reden schwingen, davon erzählt auch die Bibel, aber ein ehrliches und aufrechtes Gebet vor Gott zeigt immer auch das Herz der Person. Als wir uns kennenlernten, war mir nach dem ersten gemeinsamen Gebet klar, dass ich diesen Mann eines Tages heiraten könnte. Ich liebte es, wie er mit Jesus redete.

Wenn nun aber zwei Menschen mit verschiedenen Lebensgeschichten aufeinandertreffen, kann es gut sein, dass sich nicht jeder dabei wohlfühlt, Gebete laut zu formulieren. Es gibt Menschen, die nie gelernt haben, so zu beten. Andere haben vielleicht geistlichen Missbrauch oder Zwang erlebt. Aber Gott sehnt sich sehr nach einer aufrechten und ehrlichen Kommunikation mit uns und wenn wir gewillt sind, an der Kommunikation in der Ehe zu arbeiten, dann können wir diese Motivation auch in das gemeinsame Gebet investieren.

Auf der folgenden Seite habt ihr Raum, um über das Gebet zu sprechen. Redet auch über eure Gefühle und Wünsche: Möchtet ihr lieber laut oder still miteinander beten? Gibt es den Wunsch nach Veränderung? Welche Erfahrungen habt ihr gemacht?

WELCHE BEZIEHUNG HABEN WIR ZUM GEBET?

WIE FÜHLT ES SICH AN, WENN WIR MITEINANDER BETEN?

WIE BEWERTEN WIR UNSER GEMEINSAMES GEBETSLEBEN?

WELCHE GEBETE HAT GOTT SCHON ERHÖRT?

WELCHE VERÄNDERUNGEN WÜNSCHEN WIR UNS?

TIPP: BETET VOR JEDEM ZUKÜNFTIGEN KAPITEL IM VORFELD UM WEISHEIT, FRIEDEN UND ERKENNTNIS.

18 STREIT

Spätestens wenn wir streiten, zeigt sich, wie unterschiedlich wir beide sind: Der eine ist impulsiv, laut und direkt - der andere ist bedacht und leise, wenn Konflikte aufkommen. Ja, unsere Andersartigkeit führt zu Diskussionen, manchmal in einen Streit und die Gefahr besteht, den Respekt und die Achtung voreinander zu verlieren.

Lest gemeinsam die Begriffe auf der rechten Seite. Entdeckt ihr euch oder euren Partner in den Begriffen wieder? Wenn euch welche fehlen, dann ergänzt sie einfach. Schreibt auf, in welchen Situationen ihr die Reaktionen vielleicht schonmal erlebt habt. Denkt daran, einander nicht vorsätzlich zu verletzen oder alte Geschichten wieder aufleben zu lassen. Es geht darum, einander zu reflektieren und anschließend zu helfen.

Könnt ihr euch in eurer Unterschiedlichkeit gegenseitig unterstützen? Einer von euch neigt dazu, schnell wütend zu werden? Überlegt euch, wie ihr in Zukunft damit umgehen wollt. Einer von euch kann sich im Streit nicht öffnen? Was braucht der Partner, um das zu ändern? Vielleicht wollt ihr ein Codewort vereinbaren, das ihr verwendet, wenn einer im Streit zu weit oder unter die Gürtellinie geht.

Übrigens: Es ist nicht gut, Diskussionen und Streitigkeiten dauerhaft zu vermeiden. In euren Diskussionen habt ihr Raum, eure Gefühle und Bedürfnisse zu offenbaren. Wenn ihr diese immer unterdrückt, kann es sein, dass ihr euch als Paar voneinander entfernt.

RESPEKTLOS

ZORNIG

LAUT

ZURÜCKHALTEND

BEDACHT

MANIPULIEREND

RECHTHABERISCH

IMPULSIV

LEISE

STREITLUSTIG

TRAURIG

ÄNGSTLICH

IN SELBSTMITLEID VERFALLEND

DIREKT

VORWURFSVOLL

UM VERSÖHNUNG BEMÜHT

→

WENN IHR ZORNIG SEID, DANN LADET NICHT SCHULD AUF EUCH, INDEM IHR UNVERSÖHNLICH BLEIBT. LASST DIE SONNE NICHT UNTRGEHEN, OHNE DASS IHR EINANDER VERGEBT. GEBT DEM TEUFEL KEINE GELEGENHEIT, UNFRIEDEN ZU STIFTEN.

EPHESER 4,26-27 (HFA)

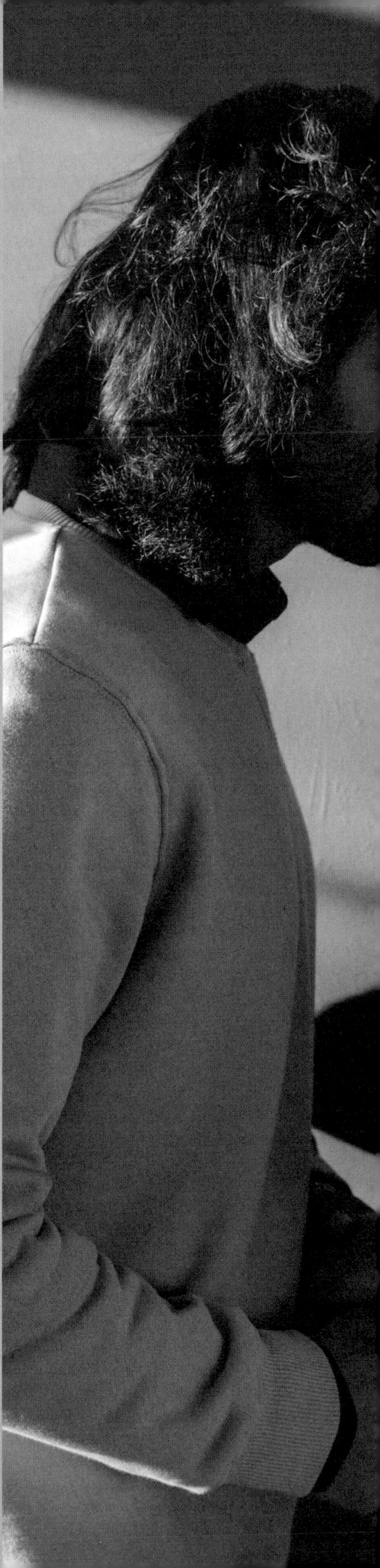

Kleiner Tipp von uns:

Wenn sich das nächste Mal eine Situation erhitzt und eine Diskussion unvermeidbar wird, dann sprecht in Gedanken folgendes Gebet:

*„Herr, du kennst meinen Ärger,
meine Gefühle und meine Sichtweise.
Hilf uns, dieses Problem jetzt zu klären
und schenke uns Einsicht und Weisheit.
Führe diese Diskussion zu einer
neuen Freiheit und Einigkeit. Amen."*

Dieses stille Gebet war ein Gamechanger in unserer persönlichen Streitkultur.

19 STÄRKEN & SCHWÄCHEN

Sicher führen eure Unterschiede nicht nur zum Streit. Sie machen eure Ehe auch zu etwas ganz Besonderem: Diese Konstellation aus Stärken und Schwächen, Talenten und Begabungen gibt es nie mehr auf dieser Welt, und ich vermute, dass ihr euren Partner wahrscheinlich auch genau wegen dieser einen oder anderen Besonderheit liebt.

Heute dürft ihr euch gegenseitig ermutigen: Vervollständigt abwechselnd folgende Sätze rund um Begabungen und Stärken.

DAS KANNST DU SO VIEL BESSER ALS ICH ____________________

DAS KANNST DU SO VIEL BESSER ALS ICH ____________________

DAS IST SO FASZINIEREND AN DIR ____________________

DAS IST SO FASZINIEREND AN DIR ____________________

IN DIR STECKT SO VIEL ____________________

IN DIR STECKT SO VIEL ____________________

DU BIST ____________________

DU BIST ____________________

ÜBER DIESE SCHWÄCHE VON
DIR MUSS ICH SCHMUNZELN ____________________

ÜBER DIESE SCHWÄCHE VON
DIR MUSS ICH SCHMUNZELN ____________________

DAS DARFST DU SEIN LASSEN ____________________

DAS DARFST DU SEIN LASSEN ____________________

DIESES TALENT MACHT DICH AUS ____________________

DIESES TALENT MACHT DICH AUS ____________________

DAS BEWUNDERN ANDERE AN DIR ____________________

DAS BEWUNDERN ANDERE AN DIR ____________________

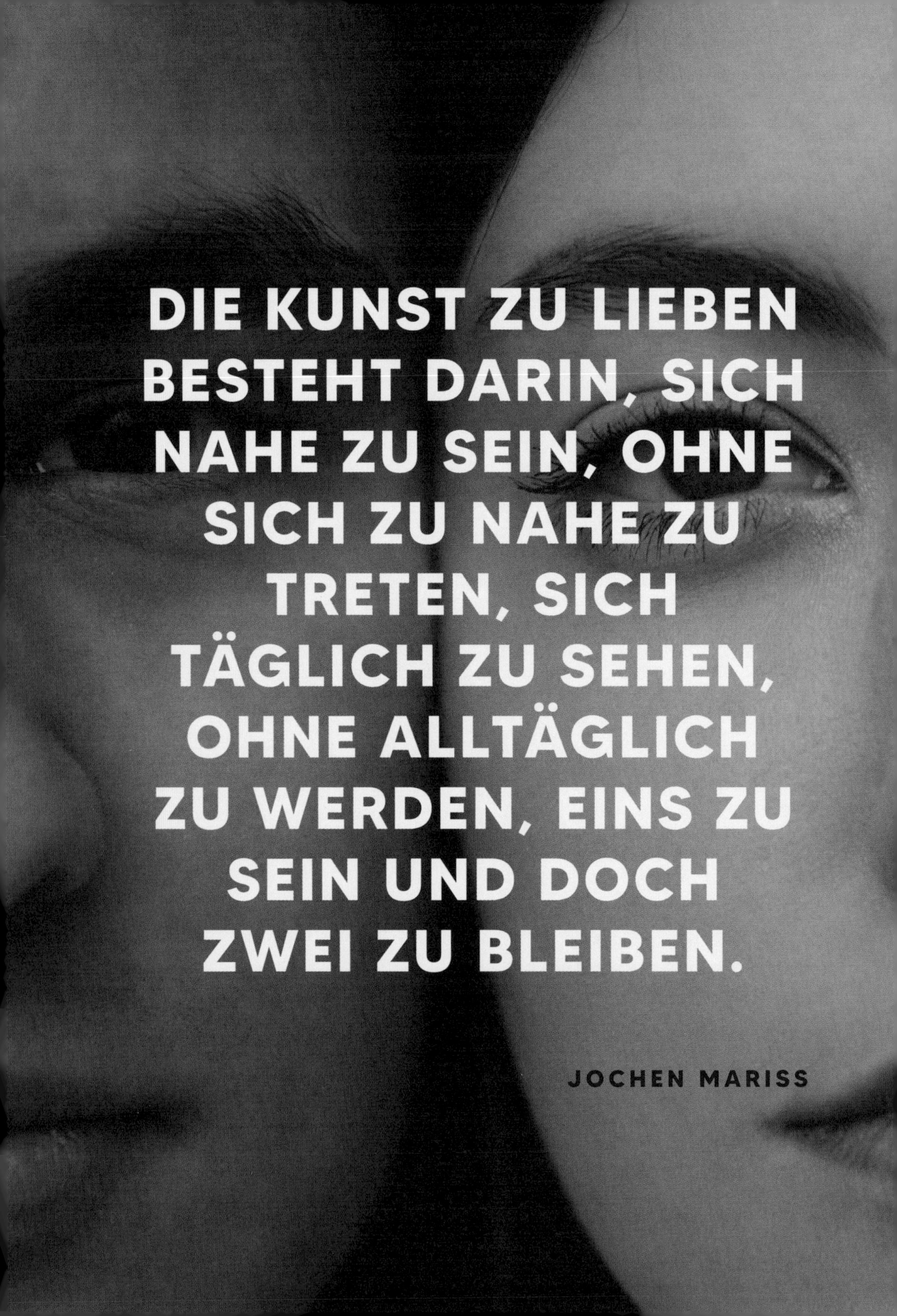
DIE KUNST ZU LIEBEN
BESTEHT DARIN, SICH
NAHE ZU SEIN, OHNE
SICH ZU NAHE ZU
TRETEN, SICH
TÄGLICH ZU SEHEN,
OHNE ALLTÄGLICH
ZU WERDEN, EINS ZU
SEIN UND DOCH
ZWEI ZU BLEIBEN.
JOCHEN MARISS

20 DU DARFST SEIN

Ehe sollte der Ort sein, an dem man sich so geben kann, wie man ist. Kein Mensch kennt dich so gut wie der, mit dem du dein Leben teilst. Und trotzdem passieren so oft folgende Dinge: Wir treten unserem Partner zu nahe, obwohl wir wissen, dass ihm etwas besonders wehtut. Oder es vergehen Tage, an denen wir vor lauter Geschäftigkeit kein vernünftiges Gespräch zu Stande bringen. Und manchmal kämpfen wir uns allein durch den Alltag und vergessen dabei, dass wir eine Einheit sind, von Gott verbunden. Kennt ihr das auch?

Aber in unserem Zuhause dürfen wir auch ganz unverstellt wir selbst sein: Wir singen laut in der Dusche, weinen bei Liebesfilmen, tanzen Zumba vor dem Fernseher und laufen bei Gelegenheit auch mal in Unterhose durchs Haus. Wir dürfen aussprechen, was wir mögen und wovor wir uns ekeln. Wir dürfen traurig und krank sein, aber auch lachen und vor Freude um den Tisch tänzeln.

Eure Aufgabe heute: Dreht eure Lieblingsmusik auf und tanzt drauf los! Wenn ihr Kinder habt, lasst sie mitmachen. Schwingt euch im Kreis und lasst euch auf den Boden fallen. Lauft Huckepack durch euer Zuhause oder schaut euch tief in die Augen, bis ihr vor lauter Lachen nicht mehr reden könnt. Ihr dürft sein.

MUSIKTIPP ZUM AUFDREHEN VON UNS ALS FAMILIE: „FREUDENÖL STATT TRÄNEN" VON TIMO LANGNER.

21 BIBEL LESEN

In meinen Vorstellungen war eine christliche Ehe immer geprägt von gemeinsamen Stunden des Bibellesens. Ich war völlig überzeugt, dass man sich abends eine Zeit hinsetzen würde, gemeinsam Bibel lesen und sich stundenlang darüber austauschen würde. Nur das könne eine richtige christliche Ehe sein, dachte ich mir. Und ich gratuliere jedem, der genau das lebt. Ich glaube, das ist ein großartiges Geschenk und ihr solltet das unbedingt beibehalten! Ganz lange habe ich mich aber dafür geschämt, dass wir nicht so richtig in das gemeinsame Bibellesen reingefunden haben. Mein Mann und ich lesen die Bibel auf ganz verschiedene Art und Weise, haben unterschiedliche Lesegeschwindigkeiten, werden auf völlig verschiedene Details aufmerksam und haben deshalb das gemeinsame Lesen schnell wieder aufgegeben. Es fühlte sich ein wenig wie versagen an, vor allem wenn ich von befreundeten Paaren mitbekam, wie angeregt sie sich über die gemeinsam gelesenen Bibelstellen unterhielten.

Vor einigen Jahren nahmen wir uns völlig unabhängig voneinander vor, die Bibel in einem Jahr durchzulesen. Ich hatte richtig Hunger danach, das Wort Gottes neu für mich zu entdecken und so machten wir uns beide auf unsere Art und Weise an diese Challenge. Mein Mann hörte die Bibelstellen oft auf dem Nachhauseweg in der App oder las sie meistens, wenn ich das gar nicht mitbekam. Ich hörte sie mal beim Bügeln oder las sie noch abends vor dem Schlafengehen auf dem Handy.
Ganz ungezwungen kamen wir manchmal ins Gespräch und ich staunte, wie offen wir plötzlich über den Glauben sprechen konnten und wie viel häufiger und spontaner wir in geistliche Themen eintauchten. Das Jahr war ein gelassenes Jahr und hat mir geholfen, die Bibel wieder mit mehr Freude und nicht mit einem erzwungenen Anspruch zu lesen. Aber vor allem hat es uns gezeigt, dass es okay ist, wenn jeder seinen Rhythmus und seinen Stil hat. Wir müssen kein Pensum erfüllen, sondern dürfen verstehen, dass das Wort Gottes zuallererst jeden persönlich verändern kann.

Wenn ihr aber beide den Wunsch habt, gemeinsam die Bibel zu lesen, dann wollen wir euch ermutigen, das unbedingt anzugehen. Nehmt euch kleine Etappen vor und seid nicht entmutigt, wenn es nicht auf Anhieb klappt. Auf dem Weg dahin, könnt ihr die folgenden Fragen nutzen, um euch anzunähern, auszutauschen und besser zu verstehen.

ER

VON 1-6: GIB DEINER BIBELLESE-ZEIT EINE SCHULNOTE:

WAS BEWEGT DICH AKTUELL GEISTLICH?

WIE LIEST DU AM LIEBSTEN DIE BIBEL?

SIE

VON 1-6: GIB DEINER BIBELLESE-ZEIT EINE SCHULNOTE:

WAS BEWEGT DICH AKTUELL GEISTLICH?

WIE LIEST DU AM LIEBSTEN DIE BIBEL?

ER

WELCHE BLOCKADEN MÖCHTEST DU BEIM BIBELLESEN GERNE ÜBERWINDEN?

GIBT ES BIBLISCHE THEMEN, ÜBER DIE DU DICH GERNE MEHR MIT DEINEM PARTER UNTERHALTEN WÜRDEST?

WAS MÖCHTE ICH INVESTIEREN, DAMIT EINE GEMEINSAME GEISTLICHE INTIMITÄT ENTSTEHEN KANN?

SIE

WELCHE BLOCKADEN MÖCHTEST DU BEIM BIBELLESEN GERNE ÜBERWINDEN?

GIBT ES BIBLISCHE THEMEN, ÜBER DIE DU DICH GERNE MEHR MIT DEINEM PARTER UNTERHALTEN WÜRDEST?

WAS MÖCHTE ICH INVESTIEREN, DAMIT EINE GEMEINSAME GEISTLICHE INTIMITÄT ENTSTEHEN KANN?

**DAS WORT GOTTES IST
LEBENDIG UND WIRKSAM.
ES IST SCHÄRFER ALS DAS
SCHÄRFSTE SCHWERT UND
DURCHDRINGT UNSERE INNERSTEN
GEDANKEN UND WÜNSCHE.
ES DECKT AUF, WER WIR
WIRKLICH SIND, UND MACHT
UNSER HERZ VOR GOTT
OFFENBAR.**

HEBRÄER 4,12

22 DAS PERFEKTE DATE

Es wird einfach wieder Zeit für ein Date!
Dieses Mal gibt es ein 2-in-1-Date: Legt einen Termin fest und setzt euch einen ungefähren Zeitrahmen, z.B. vier Stunden. Teilt diese Zeitspanne durch zwei.

Jeder darf für eine Zeitspanne sein perfektes Date planen und umsetzen: Vielleicht hat der eine Lust auf einen kitschigen Film im Kino oder der andere möchte Billard spielen gehen? Natürlich müssen die Dates für beide realistisch umsetzbar sein, ihr solltet aber mal wieder so richtig großzügig miteinander sein! Jeder darf das planen, was für ihn selbst das perfekte Date wäre. So wird eure gemeinsame Zeit nicht nur abwechslungsreich, ihr erfahrt auch viel über die Wünsche des anderen.

Viel Spaß!

MEIN WUNSCH-DATE:

MEIN WUNSCH-DATE:

TERMIN:

23 GEFÜHLE

Wir alle haben Gefühle. Der Philosophieprofessor Dallas Willard meinte einmal: *„Gefühle sind ein Segen und ein Fluch. Wir können nicht ohne sie leben, aber auch nur schwer mit ihnen."*

Um in gesunden Beziehungen und in Gemeinschaft mit Gott leben zu können, müssen wir lernen, gut mit unseren Gefühlen umzugehen. Das Problem mit ihnen ist allerdings, dass sie nicht immer der Wahrheit entsprechen. Wenn ich meinem Mann sage: „Ich habe das Gefühl, du findest mich nicht schön", dann ist das Empfinden zwar meine Realität, aber die Wahrheit muss es dennoch nicht sein. Wenn wir in der Lage sind, Gefühle zu benennen und auszudrücken, ist das schon ein großer Schritt, um sich selbst und den anderen besser zu verstehen.

Wenn ich an die Psalmen denke, dann sehe ich einen emotionsgeladenen David vor mir, der immer wieder mit all seinen Gefühlen vor Gott kommt. Manchmal ist er richtig zornig, mal hat er Angst, manchmal weint er und oft enden seine Worte in dankbarem Lobpreis. Es ist wie ein Feuerwerk der Emotionen: Ihr könnt euch als Beispiel mal den Psalm 22 durchlesen.

Wie sieht es bei euch aus? Redet ihr miteinander über eure Empfindungen? Wir glauben, dass man einen guten Umgang mit ihnen einüben kann: Gefühle sind da, sie dürfen und sollten auch gefühlt werden. Sie sollten ausgesprochen werden, vor Gott und am besten auch vor seinem Partner. Aber sie müssen im zweiten Schritt auch geprüft werden: Sind meine Emotionen angemessen? Entsprechen sie der Realität? Habe ich andere durch die Reaktion auf meine Gefühle verletzt? Für diese Reflexion ist es gut, seinen Partner als Unterstützung zu haben.

In die Kreise auf der anderen Seite darf heute jeder einen Smiley malen, der das Gefühl ausdrückt, das er diese Woche am häufigsten empfunden hat. Dann sprecht darüber. *„Warum warst du diese Woche denn so oft traurig?"* Oder: *„Worüber hast du dich die Woche denn so gefreut?"* Welche Auswirkungen hatte diese Emotion auf eure Mitmenschen? Hat euer Partner die Verärgerung, die Freude oder die Traurigkeit auch gespürt?

24 ALTLASTEN

Wenn mein Mann von der Arbeit kommt, stehe ich meist in der Küche und koche unser gemeinsames Abendessen. Fast immer zieht er erst seine Jacke aus, gibt mir dann einen Kuss und wischt im nächsten Step mit dem Lappen über die Kücheninsel. Er stellt ein paar dreckige Teller in den Geschirrspüler und schaut über meine Schulter hinweg in den Kochtopf. „Da kannst du noch Basilikum zugeben, wir haben auch noch Koriander im Kühlschrank", höre ich. Er hat immer gute Ideen, wenn es um das Abschmecken von Mahlzeiten geht.

Tatsächlich ist diese kleine, liebevolle Geste und Angewohnheit, mir das Geschirr wegzuräumen und das Essen zu verbessern, ganz lange ein Streitauslöser gewesen. Wir haben lange gebraucht, um zu erkennen, warum das so ist: Es war eine Altlast aus meiner Kindheit! Meine Mama ist eine superordentliche Frau und eine tolle Köchin, der Haushalt war immer top gepflegt und das Essen war immer lecker. Ich hingegen bin so ganz anders: Ich bin der kreativ-chaotische Typ, den es nicht stört, wenn der Geschirrspüler erst am Nachmittag ausgeräumt wird. Und es gibt auch mal Tage, da schmeckt mein Essen etwas zu salzig oder oft auch zu fade. Ich koche halt, wie ich fühle.

Jedes Mal, wenn mein Mann also nach Hause kam, die Arbeitsplatte abwischte und das Essen nachsalzen wollte, fing ich an zu meckern. Bittere Gedanken wie: „Ich bin halt nicht so toll wie meine Mutter" oder „Ich kann eben nicht so gut kochen wie du" setzten sich jedes Mal neu in meinen Kopf und ließen mich total überreagieren.

WIR DÜRFEN MIT UNSEREN ALTLASTEN UND UNSERER BITTERKEIT ZU JESUS KOMMEN. ER MÖCHTE UNS IDENTITÄT UND FREIHEIT GEBEN. ER SAGT IN MATTHÄUS 11,29-30 (HFA):

Viele Diskussionen und eine Einbauküche später verstand ich plötzlich, dass mein Mann die Küche gar nicht sauber machte, weil ich das nicht gut genug machte (okay, vielleicht auch), sondern weil das seine Art ist, von der Arbeit abzuschalten. Darüber hinaus hat er wahrgenommen, dass mich der Haushalt oft stresst, und er will mir einfach Arbeit abnehmen. Statt diese Geste zu sehen und wertzuschätzen, habe ich ihn immer wieder weggestoßen.

Heute haben wir diesen Punkt größtenteils geklärt und ich profitiere meist stark von seiner Hilfe. So habe ich mehr Zeit für die Bereiche im Haushalt, die mir keine Mühe machen.

Viele Altlasten aus unserem Leben offenbaren sich erst im gemeinsamen Alltag. Oft verstehen wir gar nicht, warum wir überreagieren oder immer wieder aneinandergeraten. Kleine banale Dinge können große Emotionen auslösen. In manchen Bereichen tragen wir vielleicht Bitterkeit mit uns herum, weil ein gemeiner Spruch noch immer nicht vergeben ist. Ein komischer Blick auf die lichte Stelle im Haar oder auf die breiter gewordene Hüfte lösen sofort Anschuldigungen oder eine Welle böser Worte aus.

Für die nächste Aufgabe braucht es etwas Zeit und Beobachtungsgabe. Kommt also in den nächsten Wochen immer wieder zu dieser Aufgabe zurück: Beobachtet, welche Aussagen oder Taten euch unverhältnismäßig triggern. Welche Aussagen oder Gesten schmerzen mehr, als sie nach aussen scheinen? Auf der nächsten Doppelseite habt ihr Platz für Reflexion, Gedanken und Notizen.

„VERTRAUT EUCH MEINER LEITUNG AN UND LERNT VON MIR, DENN ICH GEHE BEHUTSAM MIT EUCH UM UND SEHE AUF NIEMANDEN HERAB. WENN IHR DAS TUT, DANN FINDET IHR RUHE FÜR EUER LEBEN. DAS JOCH, DAS ICH EUCH AUFLEGE, IST LEICHT, UND WAS ICH VON EUCH VERLANGE, IST NICHT SCHWER ZU ERFÜLLEN."

→

ER

DAS TRIGGERT MICH:

SIE

DAS TRIGGERT MICH:

25 EAT THE FROG

Bei uns bleiben unbeliebte Aufgaben oft so lange liegen, bis sich einer erbarmt und sie Zähne knirschend abarbeitet. Das sind bei uns Briefe sortieren, Single-Socken-Korb ausmisten oder Arzttermine machen. In der Vergangenheit hat das bei uns auch schon öfter zu Diskussionen und Frustrationen geführt. Deshalb haben wir einen „Eat the Frog"-Samstag eingeführt. Die ganze Familie arbeitet alle paar Monate gleich am Samstagmorgen alle To-dos ab, die schon lange auf der Liste stehen, und die keiner machen wollte. Danach steht uns der ganze Tag offen und wir haben Zeit, etwas Schönes zu unternehmen. Vor allem mir als Mama hilft das, auch mal abzuschalten und die Familienzeit ohne Gedanken an die unbeliebte To-do-Liste zu genießen.

Probiert diese Methode diese Woche auch mal aus. Setzt einen Tag fest, an dem ihr gleich morgens alles abarbeitet, was länger liegen geblieben ist: Gardinen waschen, ein wichtiges Telefonat machen, Unkraut zupfen, Schrank ausmisten, Schuhe putzen ... die Liste kann ewig weitergehen. Passt auf, dass ihr an einem Punkt Schluss macht, damit ihr auch noch genügend Zeit als Paar oder Familie habt. 5-7 unbeliebte Aufgaben reichen völlig aus.

Viel Spaß.

WELCHE AUFGABE WIRD ERLEDIGT?	WER IST ZUSTÄNDIG?

I
LOVE
YOU

26 HALBZEIT

Wow! 25 Kapitel liegen hinter euch. Wir hoffen, ihr hattet schon viele schöne, lustige und inspirierende Stunden miteinander. Jetzt, wo ihr das halbe Buch durchgearbeitet habt, möchten wir euch bitten, euch gegenseitig einen Brief zu schreiben. Auf die folgenden Seiten könnt ihr jeweils einen Briefumschlag kleben und den Brief einstecken. Euer Partner darf ihn noch nicht lesen – das ist für später geplant.

Dir liegt das Liebesbriefschreiben nicht? Mach dir keinen Stress. Der Brief wird weder bewertet, noch muss er eine bestimmte Form haben. Schreib deinem Partner einfach auf, was du ihm gerne sagen möchtest. Das kann eine kleine Ermutigung, eine schöne oder romantische Anekdote aus eurem Leben oder ein kleiner Insider sein. Gerne kannst du auch nochmal durch die Seiten des Buches blättern und schauen, was dich bewegt hat.

ER

UMSCHLAG
EINKLEBEN
UND BRIEF
REINLEGEN

SIE

UMSCHLAG
EINKLEBEN
UND BRIEF
REINLEGEN

**LESS SCROLLING.
MORE LIVING.**

27 MEDIENKONSUM

Soziale Medien und Streaming-Angebote sind mittlerweile Bestandteil fast jeden Haushaltes und nehmen wertvolle Familienzeit in Besitz. Deshalb ist der richtige und offene Umgang mit Instagram, Netflix und Co besonders wichtig. Schnell verliert man sich in den Weiten des World Wide Webs und verpasst wichtige oder gute Gespräche mit seinem Partner.

Deshalb wollen wir heute unsere Medien-Zeit reflektieren, denn meistens können die Menschen um einen herum viel besser beurteilen, wie sich der Umgang mit Handy, Fernseher und Co auf uns auswirkt.

Auf den folgenden Seiten findet ihr zwei Tabellen. Jeder darf seine Sicht auf den Medienkonsum des Partners ausdrücken. Tauscht euch darüber aus, kommt ins Gespräch und wenn ihr wollt, könnt ihr zum Wohlbefinden aller ein paar Regeln aufstellen, z.B: *„Keine sozialen Medien, wenn wir im Bett liegen"* oder *„Am Essenstisch wird das Handy weggelegt"* ...

Nehmt euch danach ein paar Tage Zeit, in denen ihr das Gesagte reflektiert. Seid mutig und stellt euch ganz persönlich die Frage: Bin ich vielleicht mediensüchtig? Könnte ich ohne Handy und Fernsehen glücklich leben? Wenn ihr beim Beantworten dieser Fragen keine klaren Antworten habt, empfehlen wir euch eine kleine Medienauszeit. Vielleicht findet ihr dann Antworten.

ÜBER IHN

DEINE ZEIT AM HANDY/PC/LAPTOP FINDE ICH

Okay.		Angemessen.		Viel zu viel!

DIE INHALTE, DIE DU KONSUMIERST ODER (RE-)POSTEST, FINDE ICH

Okay.		Unangemessen.		Eine schlechte Beeinflussung.

WÄHREND DES MEDIENKONSUMS BIST DU

Immer trotzdem ansprechbar.		Abgelenkt.		Gar nicht mehr ansprechbar.

DAS WÜNSCHE ICH MIR FÜR DEINEN UMGANG MIT SOCIAL MEDIA:

ÜBER SIE

DEINE ZEIT AM HANDY/PC/LAPTOP FINDE ICH

Okay. | Angemessen. | Viel zu viel!

DIE INHALTE, DIE DU KONSUMIERST ODER (RE-)POSTEST, FINDE ICH

Okay. | Unange-messen. | Eine schlechte Beeinflussung.

WÄHREND DES MEDIENKONSUMS BIST DU

Immer trotzdem ansprechbar. | Abgelenkt. | Gar nicht mehr ansprechbar.

DAS WÜNSCHE ICH MIR FÜR DEINEN UMGANG MIT SOCIAL MEDIA:

28 AKKU LADEN

Mein Mann liebt die Zeit, die er in der Küche verbringt, während die tobenden und singenden Kinder im offenen Wohnbereich um den Tisch herumlaufen und Fangen spielen. Dabei geht es oft laut und lustig zu. Ein wunderschöner Anblick, den ich jedoch lange Zeit nicht wirklich genießen konnte. Denn vor allem als die Kinder noch kleiner waren, war es mir oft viel zu laut und ich war schnell die Spaßbremse.

Seit die Kinder in der Schule und im Kindergarten sind, habe ich gemerkt, wie sich die Situation in unserer Familie verbessert hat, denn ich habe Zeiten, in denen das Haus vollkommen ruhig ist. Jetzt bin ich weniger anfällig für die Lautstärke und den Trubel am Nachmittag. Mir tut es so gut, vormittags meine Arbeit oder den Haushalt in Ruhe zu erledigen, dabei Musik oder Predigten zu hören, Sport zu treiben und ganz alleine zu sein mit meinen Gedanken und Ideen. Nach ein paar Stunden kann ich es oft gar nicht mehr erwarten, die Kinder wieder abzuholen und den Nachmittag mit ihnen zu verbringen.

Was hat sich also verändert? Ich habe einen Weg gefunden, meinen inneren Akku aufzuladen. Die Zeit allein und mit Gott nutze ich dafür. Nicht jeder verliert Energie, wenn er mit Menschen zusammen ist, bei mir ist das so. Andere wiederum tanken erst richtig auf, wenn sie unter Menschen kommen und verlieren eher Energie beim Alleinsein.

Ganz egal, ob ihr also extro- oder introvertiert seid: Es ist wichtig, dass jeder von euch seinen Akku regelmäßig aufladen und sich an der Tankstelle Gottes Energie holen kann. Manche Lebensphasen geben dafür leider nicht so viel Raum, z.B. wenn ein großes Projekt auf der Arbeit ansteht, der Gemeindedienst gerade viel fordert oder die Kinder noch sehr klein sind. Deshalb ist es so wichtig, sich gegenseitig zu unterstützen und seinem Partner Freiraum zu schenken für dessen persönliche Zeit mit Gott, für die Gesundheit oder ähnliche Anliegen.

Überlegt euch heute: Wie lädt jeder von euch seinen körperlichen und geistigen Akku auf? Was braucht ihr dafür und was kann euer Partner tun, um euch dabei zu unterstützen?

MEINEN AKKU LADE ICH AM BESTEN ...

MEINEN AKKU LADE ICH AM BESTEN ...

SO KANNST DU MICH UNTERSTÜTZEN ...

SO KANNST DU MICH UNTERSTÜTZEN ...

LIEBE FREUDE
FRIEDE GEDULD
FREUNDLICHKEIT
GÜTE TREUE
SANFTMUT
SELBSTBE-
HERRSCHUNG

29 FRÜCHTE DES GEISTES

Im Epheserbrief 4,17ff. beschreibt Paulus, wie wir mit unserer Entscheidung für Jesus den alten Menschen ablegen und den neuen Menschen anziehen. Diese neue Identität weckt in uns die „Früchte des Geistes" (Galater 5,22-23). Diese Tugenden sind nicht mehr auf unsere eigene Persönlichkeit und Stärken gegründet, sondern sie sind Gaben des Heiligen Geistes. Sie werden übernatürlich sichtbar an uns und geben Zeugnis davon, dass wir mit Jesus leben.

Je intensiver wir mit Jesus leben, desto sichtbarer werden also Liebe, Freude, Friede, Geduld, Freundlichkeit, Güte, Treue, Sanftmut und Selbstbeherrschung. Wenn diese Eigenschaften das Fundament unseres Miteinanders sind, dann können wir in Einheit leben. Das gilt auch für unsere Ehe.

Auf den kommenden Seiten seid ihr eingeladen zu überlegen, wo die Früchte des Geistes in eurer Beziehung und auch in den Beziehungen zu anderen Menschen sichtbar werden.

Wie könnt ihr sie im Alltag leben und integrieren und welche Früchte sprechen euch besonders an? Um die Aufgabe zu vereinfachen, könnt ihr euch folgendes Bild vorstellen: Eure Ehe ist ein Garten mit mehreren großen Bäumen. An ihnen wachsen die Früchte Liebe, Freude, Friede usw. Welche Bäume tragen besonders viele Früchte? Welche Bäume sind noch ärmlich behangen oder welche drohen zu vertrocknen?

WIE SIEHT EIN ALLTAG AUS, IN DEM DIE FRUCHT … WÄCHST?

LIEBE

FREUDE

FRIEDE

GEDULD

FREUND-
LICHKEIT

GÜTE

TREUE

SANFT-
MUT

SELBST-
BEHERR-
SCHUNG

30 SÜSSE WORTE

Laut einer Studie* redet ein Mensch am Tag durchschnittlich 16.000 Wörter – übrigens gibt es dabei fast keine Unterschiede zwischen Männern und Frauen. Das sind eine ganze Menge Wörter. Ist ein Wort erstmal ausgesprochen, kann man es nicht mehr zurücknehmen.

Gott ist die Wahl unserer Worte nicht egal. In der Bibel begegnen wir immer wieder Texten, die davon sprechen, wie wir miteinander reden sollen und dass unsere Zunge ein sehr scharfes, gefährliches Werkzeug sein kann. David schreibt zum Beispiel in Psalm 64,4 über seine skrupellosen Feinde: *„Ihre Zungen sind scharf wie Schwerter und ihre harten Worte sind wie Pfeile, die sie abschießen."*

Klar, unser Partner ist nicht unser Feind, dennoch fallen in unseren Diskussionen oft genau solche bissigen oder verletzenden Worte. Schließlich wissen wir genau, wie wir den anderen treffen können:

„Deine Haare waren auch mal voller."
„Die Hose hat schon mal besser gepasst."
„Du bist genauso stur wie dein Vater."
„<u>Immer</u> tust du dies oder das …"

Diese Aussagen können je nach eigener Geschichte durch Mark und Bein gehen. Gab es in eurer Beziehung schon Sprüche oder Ausdrücke, die sehr verletzend waren? Wo braucht es Vergebung und Heilung?

Kommt ins Gespräch und schließt es mit einem Gebet ab. Nehmt euch vor, besser auf eure Wortwahl zu achten und meidet auch im Spaß Themen, die den anderen verletzen könnten.

*Die Studie stammt aus dem Jahr 2007 und wurde vom Linguisten Matthias Mehl an der Universität von Arizona in Tucson durchgeführt.

VATER,
WIR SEHEN JETZT DIE
VERLETZENDEN WORTE,
DIE SCHNIPPISCHEN
BEMERKUNGEN UND
BEWUSSTEN GEMEINHEITEN,
DIE BEREITS ÜBER UNS
GESPROCHEN WURDEN.
DU SIEHST JEDE WUNDE
DIE DARAUS ENTSTANDEN IST.
BITTE HEILE DU ALLES
ZERBROCHENE IN UNS
UND STATTE UNS AUS MIT
WORTEN DER LIEBE, DIE
SÜSSER SIND ALS HONIG
UND WERTVOLLER ALS DIE
SCHÄTZE DIESER WELT.

AMEN.

31 WERTE

Unsere Werte sind das Fundament unserer Beziehungen und wir suchen uns unseren Partner und unsere Freunde oft auch danach aus, ob sie unsere Werte teilen. Vielleicht schätzt ihr euren Partner besonders wegen seiner Pünktlichkeit oder Großzügigkeit, wegen seines Humors oder Verantwortungsbewusstseins.

Werte entstehen im Laufe unserer Kindheit und sie entwickeln sich weiter durch Erfahrungen. Sie werden im Umgang mit unseren Mitmenschen geschliffen und weiter geprägt. Allerdings ist es nicht möglich, stets von Menschen umgeben zu sein, die in allen Wertevorstellungen mit uns übereinstimmen. Und auch als Paar ist man nicht immer einer Meinung.

Trotzdem haben wir erlebt, dass sich die eine oder andere Wertevorstellung mit der Zeit angleicht, sodass wir als Ehepaar einen Wertepool entwickeln, den wir auch unseren Kindern mitgeben.

Was sind eure Werte? Auf den kommenden Seiten findet ihr eine Liste von Werten und Charaktereigenschaften. Jeder darf dort seine eigenen Top 5 ankreuzen. Anschließend vergleicht ihr, was ihr jeweils ausgewählt habt. Wo sind Unterschiede? Wo habt ihr euch im Laufe der Zeit angenähert und welche Werte werden von wem intensiver gelebt?

ÜBER IHN

LIEBE	NÄHE
PÜNKTLICHKEIT	KREATIVITÄT
LEIDENSCHAFT	GASTFREUNDSCHAFT
HUMOR	EMPATHIE
VERANTWORTUNG	FREUNDLICHKEIT
DANKBARKEIT	BESCHEIDENHEIT
TREUE	GROSSZÜGIGKEIT
UNABHÄNGIGKEIT	GLAUBE
OFFENHEIT	EHRLICHKEIT
NÄCHSTENLIEBE	SICHERHEIT
LERNBEREITSCHAFT	ZUVERLÄSSIGKEIT
RESPEKT	GEDULD

ÜBER SIE

LIEBE	NÄHE
PÜNKTLICHKEIT	KREATIVITÄT
LEIDENSCHAFT	GASTFREUNDSCHAFT
HUMOR	EMPATHIE
VERANTWORTUNG	FREUNDLICHKEIT
DANKBARKEIT	BESCHEIDENHEIT
TREUE	GROSSZÜGIGKEIT
UNABHÄNGIGKEIT	GLAUBE
OFFENHEIT	EHRLICHKEIT
NÄCHSTENLIEBE	SICHERHEIT
LERNBEREITSCHAFT	ZUVERLÄSSIGKEIT
RESPEKT	GEDULD

DESHALB SINGE ICH EIN LOBLIED AUF DIE FREUDE! ES GIBT FÜR EINEN MENSCHEN NICHTS BESSERES AUF DER WELT, ALS DASS ER ISST UND TRINKT UND SICH AN SEINEM LEBEN FREUT. DAS WIRD IHN WÄHREND SEINES GANZEN LEBENS, DAS GOTT IHM GIBT, UND TROTZ ALLER MÜHE, DIE MIT SEINER ARBEIT VERBUNDEN IST, BEGLEITEN.

PREDIGER 8,15

32 ANSTOSSEN

Dankbar zu sein, fröhliche Momente zu zelebrieren und einfach das zu genießen, was man hat, kommt im vollen Alltag oft viel zu kurz. Deshalb wollen wir jetzt einen kleinen festlichen Moment schaffen: Heute dürft ihr endlich einen Blick in die Briefe werfen, die ihr in der Mitte des Buches eingeklebt habt. Macht euch dafür ein leckeres Getränk, setzt euch zusammen hin und lest die Briefe durch. Danach dürft ihr anstoßen und überlegen, wofür ihr jetzt in diesem Moment dankbar seid.

WIR SIND DANKBAR, DASS...

33 GEBETSLISTE

„Vor allem anderen fordere ich euch auf, für alle Menschen zu beten. Bittet bei Gott für sie und dankt ihm.“ 1. Timotheus 2,1

Als Christen haben wir das Privileg, im Gebet für unsere Mitmenschen einstehen zu können. Es ist nicht nur die Aufgabe der ganzen Gemeinde, im Gebet zu bleiben, das gilt auch für unsere Ehen. Wenn wir unsere Augen und Ohren ganz bewusst für die Menschen in unserem Umfeld öffnen, dann werden wir aus dem Beten gar nicht mehr rauskommen können, denn die Anliegen und Bedürfnisse sind allgegenwärtig.

Kommt heute als Paar ins Gespräch und notiert euch sieben Menschen, Paare oder Familien, für die ihr in den kommenden Wochen beten wollt. Es können Dank oder Fürbitten, kleine oder große Anliegen sein. Reserviert euch eine Woche lang jeden Tag eine feste Zeit und betet für die Menschen, die ihr notiert habt.

Wenn ihr weiterbeten wollt, könnt ihr euch unter dem QR-Code eine Gebetsliste runterladen, die ihr immer wieder neu ausdrucken könnt.

Ladet hier eine
Gebetsliste runter:

WIR BETEN FÜR …

34 AUFGABENTEILUNG

Erinnert ihr euch an unsere kleinen Anekdote aus der Küche (Kapitel 24)? Wir haben als Ehepaar festgestellt, dass es Aufgaben gibt, die der eine lieber tut als der andere – und das ist ein großes Geschenk. Dabei mussten wir allerdings unsere Vorstellung von Rollenverteilungen im Haushalt hinterfragen. Es war heilsam, von anderen Paaren zu erfahren, dass es ihnen oft ähnlich geht: Da ist die Frau, die gerne die Anrufe beim Baustoffhändler tätigt. Und der Mann, der entspannt, wenn er den Boden wischt oder Geschirr spült. Wir haben erlebt, dass die Fähigkeiten und die Begeisterung des anderen ein Geschenk sein können.

Um eure Situation zu Hause einmal zu reflektieren und neuen Schwung in die Aufgabenverteilung zu bringen, könnt ihr auf der kommenden Seite einmal ganz ehrlich euren Haushalt und die Aufgaben im Alltag reflektieren.

Welche Aufgaben macht ihr gerne, welche erledigt ihr halbherzig? Welche Aufgaben würdet ihr für immer sein lassen, wenn ihr es nur könntet?

Vergleicht eure Antworten anschließend. Vielleicht entdeckt ihr neue und passende Überschneidungen: Während der eine das Wäschesortierten für immer verbannen möchte, empfindet der andere gerade diese Aufgabe vielleicht sogar als beruhigend oder möchte es gerne mal aus Liebe zum anderen ausprobieren. Vielleicht ist es an der Zeit, die Aufgabenverteilung aus Kapitel 13 noch einmal durchzugehen und eine Zeit lang etwas Neues auszuprobieren.

DIESE AUFGABEN MACHE ICH GERNE:

ER

SIE

DIESE AUFGABEN ERLEDIGE ICH, WEIL SIE GETAN WERDEN MÜSSEN:

ER

SIE

DIESE AUFGABEN RAUBEN MIR DEN LETZTEN NERV:

ER

SIE

DIESE AUFGABEN WÜRDE ICH AM LIEBSTEN VERBANNEN:

ER

SIE

DIESE AUFGABEN MÖCHTE ICH FÜR DICH MAL ÜBERNEHMEN:

ER

SIE

Geheimrezept für eure
Alltagsaufgaben
- egal ob Toiletten putzen,
aufräumen oder einkaufen:

**LASST ALLES,
WAS IHR TUT,
IN LIEBE
GESCHEHEN.**

NACH 1. KORINTHER 16,14

SUCHE
STATTDESSEN
NACH GUTEN
VORBILDERN,
DIE DIR ZEIGEN,
WIE MAN EIN
RECHTSCHAFFENES
LEBEN FÜHRT.

SPRÜCHE 2,20 (HFA)

35 VORBILDER

Kleine Kinder lernen laufen und sprechen, indem sie nachahmen. Die ersten wackeligen Schritte, das erste Babbeln - das sind süße Momente, aber eben auch ein Zeichen davon, dass Kinder uns Erwachsene imitieren, um zu lernen.

Auch wir schauen bewusst oder unbewusst schon unser gesamtes Leben auf Vorbilder. Vieles, was wir können und haben, ist da, weil wir es bei anderen abgeschaut haben. Vielleicht hatten wir aber auch Menschen mit schlechtem Einfluss um uns und tun die Dinge ganz bewusst anders, als man sie uns vorgelebt hat.

Gibt oder gab es in euerm Leben Menschen oder Paare, die ihr in Bezug auf die Themen Ehe und Glaube als Vorbild seht? Gibt oder gab es Menschen, die euch begleitet haben und von denen ihr lernen wollt?

Heute dürft ihr euch genau damit auseinandersetzen. Nehmt euch Zeit und beantwortet die folgenden Fragen und tauscht euch darüber aus.

GIBT ES PAARE, DIE WIR UNS ZUM EHEVORBILD NEHMEN? WENN JA, WEN UND WARUM?

SIND WIR VORBILDER FÜR ANDERE PAARE? WENN JA, FÜR WEN?

WAS KÖNNEN ANDERE VON UNS LERNEN UND WIE KÖNNEN WIR BEWUSST ALS AUTHENTISCHES BEISPIEL VORANGEHEN?

IN WELCHER WEISE WILL JESUS EIN BEISPIEL FÜR UNSERE EHE SEIN?

IN WELCHEN BEREICHEN WOLLEN WIR JESUS NOCH ÄHNLICHER WERDEN?

GIBT ES PAARE, MIT DENEN WIR UNS MEHR VERGLEICHEN, STATT SIE ALS VORBILD ZU SEHEN?

36 MIT DEN JAHREN

Wenn wir uns manchmal über die ersten gemeinsamen Jahre unterhalten, äußern wir beide unabhängig voneinander den gleichen Satz: „Du bist mit den Jahren schöner geworden." Und damit meinen wir gar nicht nur unsere äußere Schönheit, auch wenn das erste graue Haar und die Lachfältchen durchaus attraktiv sind, sondern vor allem den mit der Zeit geschliffenen Charakter.

Unsere gemeinsame Zeit hat Spuren hinterlassen: Wir sind gemeinsam erwachsen geworden, lachen über dieselben Witze und manchmal nehmen wir, wenn wir so durch die Straßen schlendern, die absolut gleichen Dinge wahr.
Die Aufgabe in diesem Kapitel ist ganz einfach und schön:

Jeder schreibt abwechselnd, was mit der Zeit schöner geworden ist: *Dein Humor, dein Gottvertrauen, deine Augen, ...*

DU BIST NOCH ...

... SCHÖNER GEWORDEN.

WILLKOMMEN BEI UNS ZU HAUSE

37 SCHNELLES DINNER ZU ZWEIT

Wir lieben leckeres Essen und laden gerne Freunde ein oder gönnen uns nach einem stressigen Tag einen gemeinsamen „Schnuckerabend", wie wir ihn bei uns nennen. Das ist ein schnelles Dinner, bei dem es darum geht, mit möglichst wenig Aufwand lecker zu essen. Wir möchten euch heute einladen, dieses schnelle, aber schöne Datingprinzip diese Woche mal auszuprobieren:

Schritt 1: Geht, wenn möglich gemeinsam und ohne Einkaufsliste, in den nächsten Supermarkt und stattet euch mit einem Einkaufswagen aus.

Schritt 2: Schlendert durch den Laden und überlegt, was ihr gerne essen wollt: Es sollte schnell und einfach zubereitet werden können. Heute mal einen Fertigsalat? Ein leckeres Steak vom Fleischer oder einen Grillkäse für die Pfanne? Ein süßes Dessert aus dem Kühlregal? Kauft ein, worauf ihr Lust habt.

Schritt 3: Zu Hause angekommen trefft ihr alle Vorkehrungen, um in einen gemeinsamen Abend zu starten: Bringt z.B. die Kinder ins Bett, macht den Backofen an und deckt liebevoll den Tisch.

Schritt 4: Bereitet das gekaufte Essen möglichst unkompliziert zu und genießt den Abend. Vielleicht habt ihr Lust auf das nächste Kapitel?

38 LOBENSWERT

„Und? Worüber habt ihr geredet?". Ich meine mal gelesen zu haben, dass das die meistgestellte Frage einer Frau an ihren Mann sein soll. Es ist aber doch auch spannend zu erfahren, worüber das andere Geschlecht so redet, wenn sie untereinander sind, oder?

Vor vielen Jahren habe ich mir vorgenommen, meinen Mann vor anderen immer zu loben und Gutes über ihn zu erzählen. Natürlich gibt es auch mal Probleme, die ich in einem kleinen, ausgewählten Kreis von Freunden auch offen ansprechen kann, ohne meinen Partner dadurch in Verlegenheit zu bringen. Grundsätzlich ist es mir aber ein Anliegen, gut in der Öffentlichkeit über meinen Mann zu sprechen. Das bedeutet nicht, dass ich lügen oder Dinge loben muss, die mich eigentlich total stören, es geht schon darum authentisch zu bleiben. Aber seien wir doch mal ehrlich: Es ist schön, wenn der Partner lobend über dich spricht, oder?

In diesem Kapitel möchten wir uns deshalb bewusst Zeit nehmen, um die Worte und den Umgang miteinander in der Öffentlichkeit zu reflektieren:

Worauf möchtet ihr in Zukunft achten, wenn ihr als Paar in einer Gruppe unterwegs seid? Wo sind die Anfänge von schlechtem Humor und wo gehen Sprüche unter die Gürtellinie? Welche Informationen müssen in der Ehe oder Familie bleiben und über was darf sich der Partner in einer ausgewählten Gruppe aufregen?

Die folgenden Fragen helfen euch, ins Gespräch zu kommen.

TIPP: IHR KÖNNT EIN CODEWORT ENTWICKELN, DAS IHR SAGT, WENN DER PARTNER BEIM NÄCHSTEN MAL ÖFFENTLICH ÜBER DINGE SPRICHT, DIE NICHT GESAGT WERDEN SOLLTEN ODER WENN ES VERLETZEND FÜR EUCH WAR, Z.B. „WASSER REICHEN".

ER

ICH FREUE MICH IMMER, WENN DU FOLGENDES ÜBER MICH IN DER ÖFFENTLICHKEIT LOBST:

ICH MÖCHTE NICHT, DASS DU FOLGENDES ÜBER MICH IN DER ÖFFENTLICHKEIT ERZÄHLST:

DU HAST MICH MIT DIESER AUSSAGE AUCH SCHONMAL VERLETZT:

SIE

ICH FREUE MICH IMMER, WENN DU FOLGENDES ÜBER MICH IN DER ÖFFENTLICHKEIT LOBST:

ICH MÖCHTE NICHT, DASS DU FOLGENDES ÜBER MICH IN DER ÖFFENTLICHKEIT ERZÄHLST:

DU HAST MICH MIT DIESER AUSSAGE AUCH SCHONMAL VERLETZT:

UNSER CODEWORT:

39 DAS HOHELIED DER LIEBE

Wenn ich die Worte aus 1. Korinther 13 höre, sehe ich direkt eine Hochzeit vor meinem geistigen Auge. Ich höre die romantische Musik und sehe die Tränen in den Augen der Großeltern vor mir. Nach vielen Jahren in der Hochzeitsbranche klingen die Worte für mich schon fast ein wenig abgedroschen.

Aber das Hohelied der Liebe ist nicht einfach nur ein poetischer Text, der zum Vortragen und zum anschließenden Vergessen verfasst wurde. Es weist auf viel Arbeit, auf Herausforderungen und Hingabe hin. Liebe ist nicht neidisch? Liebe ist nicht selbstsüchtig? Liebe lässt sich nicht reizen? Puh, davon fühlen wir uns direkt eingeschüchtert.

Wir wollen euch heute neu herausfordern: Lest gemeinsam die Verse aus 1. Korinther 13 auf der folgenden Seite: Welche Stellen in diesem Bibeltext gehen nicht spurlos an euch vorbei? Welche Sätze treffen euch persönlich und laden euch ein, etwas zu ändern?

DIE LIEBE IST GEDULDIG UND FREUNDLICH. SIE IST NICHT NEIDISCH ODER ÜBERHEBLICH, STOLZ ODER ANSTÖSSIG. DIE LIEBE IST NICHT SELBSTSÜCHTIG. SIE LÄSST SICH NICHT REIZEN, UND WENN MAN IHR BÖSES TUT, TRÄGT SIE ES NICHT NACH. SIE FREUT SICH NIEMALS ÜBER UNGERECHTIGKEIT, SONDERN SIE FREUT SICH IMMER AN DER WAHRHEIT. DIE LIEBE ERTRÄGT ALLES, VERLIERT NIE DEN GLAUBEN, BEWAHRT STETS DIE HOFFNUNG UND BLEIBT BESTEHEN, WAS AUCH GESCHIEHT.

1. KORINTHER 13,4-8

KREIST DIE WÖRTER EIN, DIE EUCH ANSPRECHEN.
WAS LÖSEN DIESE WÖRTER IN EUCH AUS?

WARUM BEWEGEN EUCH DIESE WÖRTER?

40 DAS EHEVERSPRECHEN

In meinen 20ern war ich viele Jahre als Hochzeitsfotografin unterwegs und habe weit über 100 Trauungen miterlebt, viele davon gemeinsam mit meinem Ehemann. Sie waren oft wunderschön. Es gab tolle Musik, lustige und rührende Trauversprechen und tolle Hochzeitsgesellschaften. Aber die schönste Trauung haben wir erlebt, wo wir es am wenigsten vermutet hätten:

Junge und noch frisch verliebte Brautpaare geben sich meist ohne große Lebenserfahrung ihr Eheversprechen: Treue und Liebe in guten wie in schlechten Zeiten und das Ganze mit Gottes Hilfe. Das ist lobenswert – genauso war es bei uns auch. Aber was das wirklich bedeutet, konnten wir doch gar nicht realistisch einschätzen. Die besondere Trauung, auf der wir vor ein paar Jahren waren, war die von einem Paar in den 30ern, wo beide eine zerbrochene Ehe hinter sich hatten. Beide hatten unabhängig voneinander schon einiges erlebt und standen sich jetzt, mit neuer Identität in Christus, gegenüber und versprachen sich aufrichtig, einander zu lieben, zu achten und zu ehren, in guten wie in schlechten Tagen. Und das mit Gottes Hilfe. Und während sie die Worte sprachen, wussten sie, was für eine Herausforderung das wird. Sie wussten, wie schlechte Tage aussehen. Sie wussten, dass es Tage gibt, wo sich die Ehe nicht nach Liebe anfühlt.

Das war ein ganz besonderes Erlebnis und ich nahm die Hand meines Mannes, drückte sie leicht und sprach das Ehegelübde im Herzen mit.

Kennt ihr die Worte noch, die ihr euch auf eurer Hochzeit versprochen habt? Vielleicht habt ihr sie irgendwo niedergeschrieben und habt noch Zugriff darauf, dann holt sie jetzt heraus und lest sie einander vor. Vielleicht seht ihr die eine oder andere Zeile aus eurem Versprechen mittlerweile mit anderen Augen oder manche Versprechen blieben leer? Vielleicht würdet ihr, wenn ihr noch einmal so voreinander stehen würdet, etwas ganz anderes sagen?

Diese Erkenntnisse dürft ihr in die heutige Aufgabe mit einfließen lassen. Auf den beiden kommenden Seiten habt ihr die Möglichkeit, einander noch einmal ein Eheversprechen aufzuschreiben. Keine Panik – das muss gar nicht kitschig oder rührend sein, wenn das nicht euer Ding ist. Ihr könnt die Aufgabe auch gemeinsam machen, wenn es einem von euch schwerfällt, seine Gedanken zu formulieren. Macht es so, wie es sich für euch heute richtig anfühlt.

ER

SIE

41 VERGLEICHT EUCH NICHT

Erst gestern kam eine Freundin zu mir und erzählte, wie ihr Mann mit einem Wink mit dem Zaunpfahl versucht hatte, sie zu mehr Sport zu bewegen. Er sagte mit betonter Stimme: „Also *Stennie* macht Sport!" Sie hat ihn darauf angeschaut und in gleichem Tonfall geantwortet: „Ja – und *Artur* kocht!". Ich bin mir ziemlich sicher, dass ihr euch in dieses Szenario reindenken könnt: Der Mann meiner Freundin hatte versucht, meine Freundin zum Sport zu motivieren, aber indem er sie mit mir verglich. Den Spieß kann man aber natürlich auch immer direkt umdrehen.

Egal wie wir es drehen und wenden: Ein Vergleich wird immer wieder Haken haben. Eure Geschichte, eure Stärken und euer aktueller Lebensabschnitt sind einzigartig, diese können und sollten wir nicht miteinander vergleichen. Wir haben schon über Vorbilder gesprochen. Die sind wichtig! Aber wenn wir anfangen zu Vergleichen oder Talente, Berufungen oder Lebenssituationen aneinander zu messen, werden wir dauerhaft keine Freude in der Ehe finden.

Gott stellt jedes Paar in einen anderen Lebensraum, in verschiedene Berufungen, er gibt die unterschiedlichsten Begabungen und jedes Ehepaar hat mit anderen Herausforderungen zu kämpfen. Das kann eure Stärke sein – macht sie nicht zu eurer Schwäche!

Fokussiert euch heute nochmal besonders auf diese wunderschöne und einzigartige Kombination aus euch beiden! Wie könnt ihr euch damit von Gott gebrauchen lassen? Macht euch Notizen. Das Kapitel 19 kann euch dabei behilflich sein.

WIR SIND EINZIGARTIG...

42 GEBEN UND DIENEN

Jesus ist uns in allem das größte und nachahmenswerteste Vorbild. Und auch beim Thema „geben und dienen" gibt es kein besseres Beispiel als den Sohn Gottes, der sich nicht zu fein war, seinen Jüngern höchstpersönlich die Füße zu waschen, seine kostbare Zeit den Kindern zu schenken und den Menschen mit seiner endlosen Liebe und Hingabe zu dienen:

„Obwohl er Gott war, bestand er nicht auf seinen göttlichen Rechten. Er verzichtete auf alles; er nahm die niedrige Stellung eines Dieners an und wurde als Mensch geboren und als solcher erkannt." - Philipper 2,6-7

Wir haben als Ehepaar erlebt, wie viel Freude wir bekommen, wenn wir Menschen in unserem Umfeld mit unseren Gaben dienen, auch über unsere Dienste in der Gemeinde hinaus. Wir haben im Rahmen unserer persönlichen Stärken einen gemeinsamen Dienst gefunden: das Gastgeben. Wir lieben es, Gäste zu bewirten, sie in unserem Haus in Empfang zu nehmen und sie mit einem guten Abend zu beschenken. Es gab Zeiten, in denen wir frustriert waren, dass immer wir die Gastgeber waren und selten eingeladen wurden, bis wir eben erkannten, dass Gott uns gebrauchen möchte. Seitdem versuchen wir einfach, großzügig zu sein.

Wo habt ihr als Paar die Möglichkeit, andere Menschen zu unterstützen oder ihnen zu dienen? Wo wollt ihr uneigennützig geben und so Jesu Vorbild folgen?
Geben ist so wunderbar vielseitig.

DAS KÖNNEN UND WOLLEN WIR GEBEN, OHNE ETWAS ZURÜCK ZU VERLANGEN

DAS WOLLEN WIR GERNE MAL AUSPROBIEREN

→

**SEID GAST-
FREUNDLICH,
HILFSBEREIT UND
TRÖSTET MENSCHEN.
UNTERSTÜTZT
ANDERE FINANZIELL.
BESCHENKT
MENSCHEN MIT
EURER ZEIT.
HÖRT ZU.
ES LOHNT SICH!**

43 UMKÄMPFT

Als wir uns das Jawort gaben, haben wir unsere Ehe unter den Segen Gottes gestellt. Wir haben Ja dazu gesagt, dass Gott uns formen, gebrauchen und führen darf. Aber dieses Ja füreinander schließt nicht aus, dass unsere Ehe nicht auch umkämpft wird. Manche Kämpfe trägt jeder für sich alleine aus und manche kämpfen wir als Paar. Manche Angriffe wie Krankheiten, anstrengende Menschen oder schwierige Umstände können wir nicht beeinflussen. Andere Angriffe wiederum sind Folge von Sünde oder Schuld, die wir uns aufgeladen haben.

Ich erinnere mich noch gut daran, wie ich direkt nach der Hochzeit plötzlich mit Selbstzweifeln zu kämpfen hatte, die ich vor unserem Jawort nicht kannte: „Die anderen Frauen sind alle viel schöner und schlanker, warum sollte er sich mit mir abfinden?" oder: „Vielleicht bin ich ihm doch nicht gut genug und jetzt merkt er das erst." Mein Mann hat mir nie einen Anlass für diese Gedanken gegeben, aber die Lügen haben mich einfach so überrollt. Es hat einige Jahre gedauert, bis ich das Selbstvertrauen wiedergewonnen hatte.

Welche Anfechtungen und Kämpfe habt ihr in eurer Beziehung? Welche Lügen haben sich wie ein Virus ausgebreitet? Lest euch die Begriffe auf der folgenden Seite einmal durch und reflektiert sie. Wenn ihr möchtet, könnt ihr Wörter einkreisen oder die Liste ergänzen.

Vielleicht möchtet ihr auch gemeinsam und füreinander beten?

„Ein Einzelner kann leicht von hinten angegriffen und niedergeschlagen werden; zwei, die zusammenhalten, wehren den Überfall ab. Und: Ein dreifaches Seil kann man kaum zerreißen."
- Prediger 4,12

UNMORAL

ANGST

SEXUELL
UNREINE
BEGIERDEN

LEBENSLÜGEN

FAULHEIT

HASS

KONSUM-
SUCHT

GELDGIER

UNEHRLICHKEIT

DEPRESSIONEN

DESINTERESSE

BITTERKEIT

KRANKHEIT

MINDERWERTIG-
KEITSGEFÜHLE

44 WAFFENRÜSTUNG

Im vorigen Kapitel konntet ihr hoffentlich ein paar Angriffe auf eure Ehe entlarven. Vergangenes soll vergangen bleiben und Neues soll jetzt Raum in eurer Ehe haben. Damit ihr besser ausgerüstet seid für künftige Kämpfe, möchten wir heute mit euch die Waffenrüstung des Glaubens aus dem Epheserbrief symbolisch anziehen. Die Bibel sagt uns auch, warum wir das machen sollen:

„Legt die komplette Waffenrüstung Gottes an, damit ihr allen hinterhältigen Angriffen des Teufels widerstehen könnt. Denn wir kämpfen nicht gegen Menschen aus Fleisch und Blut, sondern gegen die bösen Mächte und Gewalten der unsichtbaren Welt, gegen jene Mächte der Finsternis, die diese Welt beherrschen, und gegen die bösen Geister in der Himmelswelt. Bedient euch der ganzen Waffenrüstung Gottes. Wenn es dann so weit ist, werdet ihr dem Bösen widerstehen können und noch aufrecht stehen, wenn ihr den Kampf gewonnen habt." Epheser 6,11-13

Ehe ist ein göttliches Prinzip und deshalb haben eben jene bösen Mächte soviel Lust daran, Ehe zu zerstören. Lest euch auf der folgenden Seite die Verse laut vor, die die Waffenrüstung beschreiben. Versucht dabei ganz bewusst, die Rüstung anzuziehen. Ihr könnt euch das bildlich vor Augen führen oder euch gemeinsam hinstellen und mit Händen und Füßen gestikulieren.

Tauscht euch anschließend aus: Was bedeutet es jetzt für euch, einen Gürtel der Wahrheit und einen Brustpanzer der Gerechtigkeit zu tragen? Wie geht man durch den Alltag mit einem Schild des Glaubens und einem Helm der Heilsgewissheit? Wie setzt man Gottes Wort als Schwert im Kampf ein?

SORGT DAFÜR, DASS IHR FEST STEHT,
INDEM IHR EUCH MIT DEM GÜRTEL
DER WAHRHEIT UND DEM PANZER
DER GERECHTIGKEIT GOTTES UMGEBT.
EURE FÜSSE SOLLEN FÜR DIE GUTE
BOTSCHAFT EINTRETEN, DIE DEN
FRIEDEN MIT GOTT VERKÜNDET.
SETZT DEN GLAUBEN ALS EINEN
SCHUTZSCHILD EIN, UM DIE FEURIGEN
PFEILE DES SATANS ABZUWEHREN.
SETZT DEN HELM EURER RETTUNG
AUF UND NEHMT DAS WORT GOTTES,
EUER SCHWERT, DAS DER GEIST
EUCH GIBT. BETET IMMER UND IN
JEDER SITUATION MIT DER KRAFT DES
HEILIGEN GEISTES. BLEIBT WACHSAM
UND BETET AUCH BESTÄNDIG FÜR
ALLE, DIE ZU CHRISTUS GEHÖREN.

EPHESER 6,14-18

45 ÜBER GELD SPRICHT MAN NICHT

Oder lieber doch? Wir suchen uns nicht aus, ob wir arm oder reich geboren werden oder wie unsere Eltern mit ihrem Geld umgegangen sind. Und trotzdem werden wir von diesen Umständen stark geprägt. Wenn wir dann plötzlich mit unserem Partner gemeinsam wirtschaften und Geld verwalten, dann hat das durchaus Konfliktpotenzial.

Kennt ihr auch prägende Sprüche aus eurer Kindheit?
„Dafür haben wir kein Geld!"
„Das brauchst du nicht!"
„Reichtum ist ein Möglichmacher."
„Kauf dir, was dich glücklich macht."

Solche Sprüche, egal in welche Richtung sie weisen, hinterlassen Spuren und müssen als Ehepaar aufgearbeitet werden. Wir müssen einen eigenen und bewussten Umgang mit unseren Finanzen entwickeln. Deshalb ist es wirklich wichtig, offen und ehrlich über das Thema Geld zu sprechen.

Auf der folgenden Seite haben wir ein paar Fragen für euch, die das Gespräch eröffnen können. Welche Bereiche müsst ihr noch hinterfragen?

WIE WOLLEN WIR IN FINANZIELLEN KRISEN HANDELN?

WIE VIEL GELD SPENDEN WIR ODER WOLLEN WIR MONATLICH SPENDEN?

WER BEHÄLT DEN ÜBERBLICK ÜBER DIE FINANZEN?

SIND WIR RISIKO-FREUDIG ODER BRAUCHEN WIR SICHERHEITEN?

WIE WURDE IN UNSERER HERKUNFTSFAMILIE MIT GELD UMGEGANGEN?

HABEN WIR WÜNSCHE, FÜR DIE WIR SPAREN WOLLEN?

WIE UND WIE VIEL WOLLEN WIR SPAREN?

OFFENE FRAGEN UND STREITTHEMEN:

46 FINANZCHECK

Im vorigen Kapitel habt ihr das Thema Finanzen aus der Vogelperspektive betrachtet und vielleicht ein paar gemeinsame Ziele gefunden oder über Veränderungen nachgedacht. Damit das keine Luftschlösser bleiben, ist es wichtig, die Fakten zu kennen und den Umgang mit Geld eine Zeit lang zu beobachten. Ihr werdet anschließend einen viel besseren Überblick über euer Budget und eure Möglichkeiten haben, und vielleicht unnötige Ausgabequellen entlarven.

Auf der nächsten Seite findet ihr einen Ausgaben-Tracker. Unsere Empfehlung wäre, mindestens zwei Monate lang alle eure Ausgaben einzutragen (länger ist besser), damit ihr sie analysieren könnt. Es gibt auch tolle Apps, die euch dabei helfen können.

Legt am besten jetzt schon einen Termin fest, an dem ihr euch noch einmal zusammensetzt und eure Ausgaben gemeinsam durchgeht.

TERMIN FÜR DEN FINANZCHECK:

Kopiert die Liste oder ladet sie hier für euch runter:

DATUM	AUSGABE	KATEGORIE	BETRAG

47 INTIMITÄT UND SEXUALITÄT

Gott ist der Erfinder der Intimität und Sexualität. In seinem Schöpfungsbild ergänzen sich Mann und Frau. Und wenn Gott Sex erschaffen hat, dann ist da absolut nichts Anrüchiges oder Schmutziges dran. Leider haben der Sündenfall, die Verdrehung des Schöpfungsgedankens und die Politisierung von Sexualität dazu geführt, dass wir nicht mehr in der ursprünglichen Idee Gottes leben. Bilder von Missbrauch, Ehebruch, Scham und vielem mehr sind heute in unseren Köpfen fest verankert.

Die Schönheit der eigentlichen Idee Gottes können wir aber im Hohelied Salomos nachlesen – eine romantische Lovestory mitten in der Bibel! Auch wenn die Bildsprache an manchen Stellen für uns heute vielleicht etwas exotisch klingen mag, so sind es wunderschöne und sinnliche Bilder, die unsere Liebesbeziehung prägen dürfen und sollen. Und wie in allen unseren Lebensbereichen gibt es auch hier wieder jede Menge Gefahren, vor denen auch die Bibel warnt, zum Beispiel in 1. Thessalonicher 4,3-7 (HFA):

„Jeder von euch soll lernen, seinen Körper unter Kontrolle zu haben, so wie es Gott gefällt und in den Augen der Menschen anständig ist. Ungezügelte Leidenschaft ist ein Kennzeichen der Menschen, die Gott nicht kennen. Keiner von euch darf seine Grenzen überschreiten und seinen Mitmenschen mit dessen Ehepartner betrügen. Denn wir haben es euch bereits mit allem Nachdruck gesagt: Wer so etwas tut, wird in Gott einen unbestechlichen Richter finden. Gott hat uns nicht zu einem ausschweifenden Leben berufen, sondern wir sollen ihn mit unserem Leben ehren."

Es gilt also, Leitplanken zu ziehen. Jedem Paar ist die Verantwortung vor Gott gegeben, Sexualität innerhalb der Ehe zu gestalten. Vielleicht habt ihr noch nie über diese Leitplanken gesprochen. Vielleicht ist das Thema aber auch mit ganz viel Scham oder Unwissenheit behaftet. Wir möchten euch ermutigen, heute offen und ehrlich über das Thema Sex zu sprechen. Nehmt euch Zeit und beantwortet die folgenden Fragen. Ihr könnt dazu die Bibel in die Hand nehmen oder euch vornehmen, das Hohelied gemeinsam durchzugehen und mit Gottes Hilfe das Geschenk von Intimität und Sexualität zu leben.

IST SEX MANCHMAL EINE BELASTUNG FÜR DICH?
WENN JA, INWIEFERN?

ER

SIE

WELCHE ERWARTUNGEN ODER WÜNSCHE HAST DU IN BEZUG AUF EURE INTIMITÄT?

ER

SIE

GIBT ES AUSSERHALB DES BETTES NOCH EINE ANDERE ART UND WEISE, WIE INTIMITÄT ZWISCHEN EUCH ENTSTEHEN KÖNNTE?

ER

SIE

WIE GEHT ES DIR, WENN IHR EUCH EINE ZEIT ENTHALTEN MÜSST, ZUM BEISPIEL AUS KRANKHEITSGRÜNDEN ODER ABWESENHEIT?

ER

SIE

MÖCHTEST DU DEINEM PARTNER GERNE NOCH ETWAS SAGEN?

ER

SIE

**LEG MICH WIE
EINEN SIEGELRING
AN DEIN HERZ, WIE
EINEN SIEGELRING
UM DEINEN ARM.
DENN STARK WIE
DER TOD IST DIE
LIEBE UND IHRE
LEIDENSCHAFT SO
UNENTRINNBAR WIE
DAS TOTENREICH.
IHRE GLUT LODERT
WIE FEUER; SIE IST
EINE FLAMME
DES HERRN.**

HOHESLIED 8,6-8

48 SPONTANITÄT

Wie spontan seid ihr? Manchmal sind es diese besonderen Momente im Alltag, in denen man einfach alles stehen und liegen lässt und plötzlich etwas macht, was man gar nicht geplant hat. Und meistens sorgen genau diese Momente für besonders schöne Erinnerungen.

Wir geben euch einen Spielraum von 24 Stunden, in dem ihr gemeinsam etwas spontanes unternehmen, oder in die Wege leiten könnt. Ihr braucht Beispiele?

Ladet Besuch ein, geht essen,
bucht einen Urlaub oder einen Wochenendtrip,
macht was Romantisches, meldet euch im Fitnessstudio an.

Macht ein Selfie davon und klebt es ein.

DAS HABEN WIR SPONTAN GEMACHT:

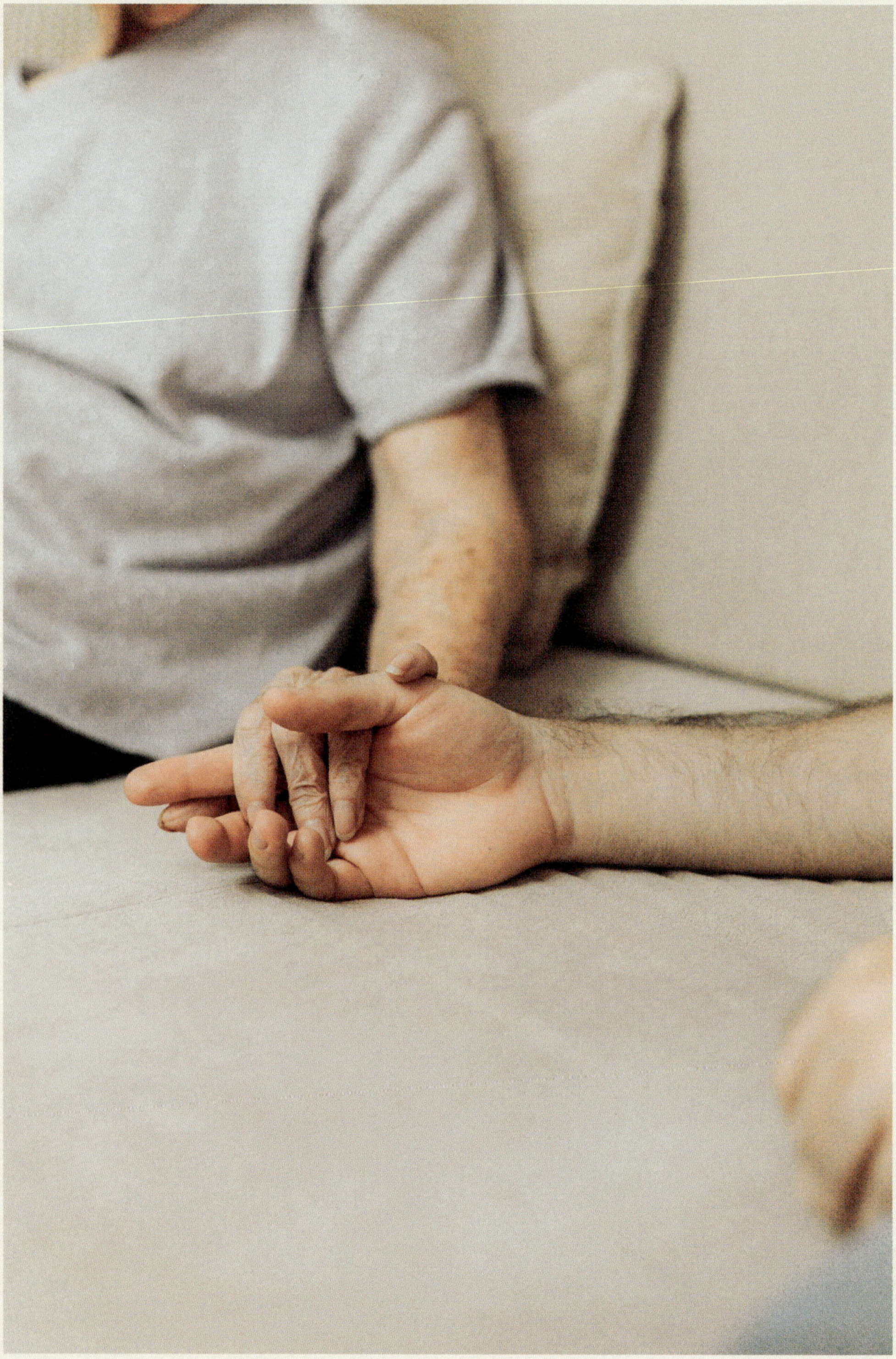

49 IN GUTEN WIE IN SCHLECHTEN TAGEN

Als ich vor einigen Jahren einen Unfall hatte, erlebten wir, wie schnell die Worte „... wie in schlechten Zeiten" ganz plötzlich und unerwartet Realität werden können. Von einer Minute auf die andere waren alle alltäglichen Sorgen, Belastungen und To-dos zweitrangig. Der Krankenwagen kam und ich musste meinen Mann mit unserer 3-jährigen Tochter und einem Stillbaby eine Zeit lang alleine zu Hause zurücklassen.

Die Wochen der Genesung waren sehr aufreibend und ich benötigte Hilfe im Alltag. Als mein Mann mir das erste Mal meine Wunden säubern und verbinden musste und mir half, in urkomische hautfarbene Kompressionshosen zu schlüpfen, fühlte ich mich, als wäre ich plötzlich achtzig Jahre alt. Ich war noch nicht auf diesen Teil der Ehe vorbereitet, diesen Teil, wo einer den anderen pflegen oder medizinisch versorgen muss. Ich hatte angenommen, dass wir noch viele Jahre vor uns haben würden, bis wir an diesen Punkt kommen.

Gott sei Dank heilten meine Wunden auch dank der unermüdlichen Unterstützung meines Mannes sehr gut, aber der Unfall war nur der Startschuss für eine lange Zeit von gesundheitlichen Herausforderungen. Und so war die Zeit, in der wir Ende 20 waren, mit vielen Arztbesuchen und Momenten der Verzweiflung verbunden. Die Krisenzeit kam völlig unerwartet mitten in unseren Alltag und keiner hatte uns vorgewarnt. Aber sie hat uns etwas sehr Wichtiges beigebracht: Wir können uns vertrauen und wissen, dass Gott unser Versorger ist. Es gibt nichts, was ihm aus der Hand rinnt oder was er nicht unter seiner Kontrolle hat. Mit dieser Gewissheit gehen wir nun in unsere Zukunft, in guten wie in schlechten Tagen.

Wir haben euch auf den kommenden Seiten ein paar Fragen aufgeschrieben, die euch dabei helfen können, nicht völlig unvorbereitet zu sein, falls Notfälle oder schwere Momente in euerm Alltag auftauchen. Die letzte Aufgabe soll euch ermutigen, jetzt schon nachzuschlagen, welche Ermutigungen die Bibel für euch bereithält.

→

WAS TUN WIR, WENN BESTIMMTE WÜNSCHE NICHT IN ERFÜLLUNG GEHEN?

WIE SOLLEN WIR HANDELN, WENN EINER VON UNS SCHWER KRANK WIRD?

WOLLEN WIR EINE PATIENTENVERFÜGUNG ODER EIN TESTAMENT AUFSETZEN?

WELCHE SITUATIONEN HABEN WIR SCHON GEMEISTERT, DIE SEHR SCHWER WAREN?

WER KÖNNTE UNS IN NOTFÄLLEN ZUR SEITE STEHEN?

DIESE BIBELSTELLEN KÖNNEN WIR LESEN, WENN WIR SCHWERE ZEITEN DURCHMACHEN:

**ES IST SCHÖN,
DINGE ZU HABEN,
AUF DIE MAN SICH
FREUEN KANN.
DAS SCHENKT
LEICHTIGKEIT
UND MACHT FROH.**

50 VISIONEN

Könnt ihr euch noch an den Beginn eurer Beziehung erinnern? Frisch verliebt und händchenhaltend haben wir uns damals unsere Zukunft ausgemalt: Wo werden wir einmal wohnen, wie viele Kinder werden wir haben? Werden wir Haustiere haben und in welcher Stadt könnten wir leben? Es tut so gut, seine Wünsche und Vorstellungen auszumalen und darüber zu reden. Auch in dem Wissen, dass Gott unsere Zukunft in der Hand hält.

Auf der nächsten Doppelseite habt ihr die Möglichkeit, die Zukunft eurer Träume zu gestalten: Wo und wie seht ihr euch in 10 Jahren? Ihr könnt euch malen oder beschreiben, werdet kreativ. Wenn ihr euch überraschen lassen wollt, was der andere malt oder schreibt, könnt ihr ein Blatt dazwischen legen.

Anschließend vergleicht ihr eure Bilder und sprecht gemeinsam darüber. Wo gibt es Gemeinsamkeiten, wo starke Unterschiede? Für welche Träume solltet ihr heute schon Geld weglegen? Was ist, wenn sich besondere Herzenswünsche, wie z.B. eigene Kinder, nicht erfüllen? Bei dieser Aufgabe geht es nicht darum, unflexible Zukunftswege vorzuschreiben. Die Zeit liegt in Gottes Händen. Aber wie bei vielen anderen Aufgaben bekommt ihr einen Einblick in die Sichtweise eures Partners und lernt, euch besser zu verstehen. Und gemeinsam träumen ist auch etwas Wunderschönes!

WIR IN 10 JAHREN

WIR IN 10 JAHREN

I NEVER
WANT
TO STOP
MAKING
MEMORIES
WITH YOU.

PIERRE JEANTY

50+1 REFLEXION

Herzlichen Glückwunsch. Ihr habt es wirklich durchgezogen und seid nun fast am Ende des Buches angelangt. 50 Kapitel liegen hinter euch und wir wünschen uns von Herzen, dass sie euch zum persönlichen und gemeinsamen Wachstum angeregt haben. Wir wollen noch einmal betonen, wie einzigartig ihr beide in eurer besonderen Konstellation seid: Euch beide gibt es so nur einmal auf der Welt. Deshalb ermutigen wir euch jetzt, euch den vielen Fragen und Themen dieses Buches noch einmal final zu stellen und herauszufinden, an welchen Ehe-Baustellen ihr in Zukunft weiterbauen wollt. Beendet das Projekt „Wunderbar wir" hier nicht, sondern macht euch auf die Reise und geht tiefer in die Themen hinein, die euch auch noch beschäftigen.

Vielleicht helfen euch diese Stichpunkte weiter:
Freundschaften, Beruf, Trauerfälle, Hobbys, Gemeindeleben, Kindererziehung, ...

BEI WELCHEN THEMEN GAB ES DEN MEISTEN GESPRÄCHSBEDARF?	
WO HABEN WIR UNS NOCH IMMER NICHT EINIGEN KÖNNEN?	
WELCHE THEMEN GEFIELEN UNS BESONDERS GUT?	
WAS HAT SICH SCHON ZUM GUTEN VERÄNDERT?	

ZU WELCHEN THEMEN WOLLEN WIR UNS WEITERBILDEN, Z.B. BÜCHER LESEN?	
WAS WOLLEN WIR WEITER AKTIV IM ALLTAG ÄNDERN?	
WAS HAT UNS ÜBERRASCHT?	
WELCHE THEMEN WOLLEN WIR NOCH BESPRECHEN?	

50+2 SÄTZE, DIE IHR REGELMÄSSIG SAGEN SOLLTET

Dieses Buch soll nicht das Ende der guten Kommunikation sein: Es geht jetzt erst richtig los. Hier haben wir euch eine Liste von Sätzen aufgeschrieben, die ihr regelmäßig sagen solltet/könnt.

WIE GEHT ES DIR? WAS SAGST
DU DAZU? LASS UNS REDEN.
ES TUT MIR LEID. DANKE.
LASS UNS BETEN. KOMM, WIR
ENTSCHEIDEN DAS SPONTAN.
HAST DU GUT GESCHLAFEN?
WAS WÜNSCHST DU DIR?
ICH VERMISSE DICH. GUT
GEMACHT! DU BIST SÜSS.
DARF ICH DIR EINEN KAFFEE
BRINGEN? WIE KANN ICH DIR
HELFEN? GUT SIEHST DU AUS.
ICH BEWUNDERE DICH DAFÜR.
WAS HAT DICH DIESE WOCHE
BESCHÄFTIGT? ICH BIN SO
DANKBAR FÜR DICH.
ICH LIEBE DICH.